智慧图书馆文献资源建设研究

孙　卿　著

吉林人民出版社

图书在版编目（CIP）数据

智慧图书馆文献资源建设研究 / 孙卿著. -- 长春：吉林人民出版社, 2023.3
ISBN 978-7-206-19825-0

Ⅰ.①智… Ⅱ.①孙… Ⅲ.①数字图书馆-文献资源建设-研究 Ⅳ.① G250.76

中国国家版本馆 CIP 数据核字 (2023) 第 049894 号

责任编辑：郭　威
装帧设计：啾　啾

智慧图书馆文献资源建设研究
ZHIHUI TUSHUGUAN WENXIAN ZIYUAN JIANSHE YANJIU

著　者：	孙 卿
出版发行：	吉林人民出版社（长春市人民大街7548号 邮政编码：130022）
咨询电话：	0431-85378007
印　刷：	长春市昌信电脑图文制作有限公司
开　本：	787mm×1092mm　1/16
印　张：	12.75　　　　　字　数：200千字
标准书号：	ISBN 978-7-206-19825-0
版　次：	2023年4月第1版　印　次：2023年4月第1次印刷
定　价：	60.00元

如发现印装质量问题，影响阅读，请与出版社联系调换。

前言

随着科技的发展，云计算、物联网、大数据等逐渐运用在图书馆服务和建设中，在此情况下，智慧图书馆应运而生。为使智慧图书馆充分发挥自身作用与价值，应加强文献资源建设，积极进行资源开发，促进资源共享，进而为读者提供更为优质的服务。

基于此，笔者撰写《智慧图书馆文献资源建设研究》一书。全书在内容安排上共设置六章：第一章是智慧图书馆产生的时代呼唤，内容包括对图书馆的基本认识、数字图书馆的内涵阐释、从数字图书馆到智慧图书馆、智慧图书馆的产生背景；第二章透视智慧图书馆及其建设理论，内容涉及智慧图书馆的功能与特征、智慧图书馆建设原则及内容、智慧图书馆建设的关键技术、智慧图书馆建设的一般路径；第三章围绕文献与文献资源概述、印刷型文献资源、数字资源和数据资源、多媒体资源和开放存取资源，解读智慧图书馆文献资源及类别；第四章探讨智慧图书馆文献资源组织与管理，主要包括文献资源建设理论与需求分析、文献资源的收集与标引、文献资源的编目与著录、文献资源的加工与管理、典型文献资源建设与加强；第五章探索智慧图书馆文献资源布局与共享，主要包括文献资源的布局与排架、文献合作采集与资源共享合作、文献资源共享的提升策略探析；第六章研究智慧图书馆文献资源建设与服务创新，主要包括智慧图书馆知识服务、智慧图书馆的读者服务、智慧图书馆阅读推广服务、智慧图书馆服务的创新探索。

本书体系完整、层次清晰，而且适用性广，可读性、实用性较强，对推动智慧图书馆的发展具有重要意义。本书面向图书馆的实际工作，力求体现实践性、实用性，以适应图书馆和其他文献信息机构读者的使用和参考。可作为图书馆文献信息业务工作参考书。

笔者在撰写本书的过程中，得到了许多专家、学者的帮助和指导，在此表示诚挚的谢意。由于笔者水平有限，加之时间仓促，书中所涉及的内容难免有疏漏之处，希望各位读者多提宝贵的意见，以便笔者进一步修改，使之更加完善。

目录 CONTENTS

第一章 智慧图书馆产生的时代呼唤 ... 1
- 第一节 对图书馆的基本认识 ... 1
- 第二节 数字图书馆内涵的阐释 ... 13
- 第三节 从数字图书馆到智慧图书馆 ... 20
- 第四节 智慧图书馆产生的背景 ... 25

第二章 智慧图书馆及其建设理论透视 ... 28
- 第一节 智慧图书馆的功能与特征 ... 28
- 第二节 智慧图书馆建设原则及内容 ... 33
- 第三节 智慧图书馆建设的关键技术 ... 41
- 第四节 智慧图书馆建设的一般路径 ... 48

第三章 智慧图书馆文献资源及类别 ... 51
- 第一节 文献与文献资源概述 ... 51
- 第二节 印刷型文献资源 ... 58
- 第三节 数字资源和数据资源 ... 73
- 第四节 多媒体资源和开放存取资源 ... 76

第四章 智慧图书馆文献资源组织与管理 ... 81
- 第一节 文献资源建设理论与需求分析 ... 81
- 第二节 文献资源的收集与标引 ... 92
- 第三节 文献资源的编目与著录 ... 105
- 第四节 文献资源的加工与管理 ... 112
- 第五节 典型文献资源建设与加强 ... 117

第五章 智慧图书馆文献资源布局与共享 ... 126
- 第一节 文献资源的布局与排架 ... 126
- 第二节 文献合作采集与资源共享合作 ... 132
- 第三节 文献资源共享的提升策略探析 ... 147

第六章　智慧图书馆文献资源建设与服务创新 151
　　第一节　智慧图书馆知识服务 151
　　第二节　智慧图书馆的读者服务 156
　　第三节　智慧图书馆阅读推广服务 169
　　第四节　智慧图书馆服务的创新探索 177
结束语 191
参考文献 193

第一章 智慧图书馆产生的时代呼唤

第一节 对图书馆的基本认识

一、图书馆的产生与发展

(一) 图书馆产生的背景

图书馆的产生有两个非常重要的历史文化背景，一个是文字的发明，一个是文献的出现。作为记录和传达语言的书写符号，文字有三个可考的历史节点——公元前 4000 年古埃及人发明的象形文字，也叫纸草文字；公元前 3000 年左右苏美尔人发明的楔形文字；公元前 14 世纪至公元前 11 世纪我国商朝人发明了甲骨文。有了文字，就得有记录文字的工具和载体。随着文字数量的不断增加，为了用文字准确地记录事物、完整地表达思想感情，文献便产生了。文献是指记录知识和信息的一切载体。例如埃及的纸草卷，我国古代的甲骨文献、金石文献、泥陶文献、简帛文献等，都是不同载体的文献；再如现在的纸质文献、光盘、缩微胶卷等也是不同载体的文献。因为文献记录、展示、保存了文字，所以文献是人类文明传承延续的集中体现。随着文献数量的不断增加，将文献有序保存的需求逐渐出现，人们需要有一个地方保存文献，并且需要专人管理文献，这样图书馆就应运而生了。

根据考古学家的推测，世界上最早的图书馆 4000 多年前诞生于两河流域，也就是今天的伊拉克境内，那个时期的图书馆和档案馆没有明确的区分，一般同时兼有二者的职能；真正意义上的图书馆是公元前 7 世纪亚述帝国首都尼尼微的皇宫图书馆，该馆藏有大约 25000 块泥板文书，并建有目录；后来，古埃及开始有了王室图书馆和寺院图书馆；古希腊也建有为贵族保存文献的图书馆和著名学者的私人图书馆。公元前 288 年，埃及亚历山大图书馆建成，该馆学者云集，典藏丰富，被誉为世界古代图书馆的代表。

在中国，公元前13世纪的殷商时代，甲骨文出现后，王室就有了保存典籍的地方，实际上这就是图书馆的萌芽。图书馆真正有文献可考的历史始于东周春秋时代，那时王室中有了专门的典藏处——藏室，并设立了专门的职官来管理文献。据《史记》记载，我国著名的哲学家、思想家老子在周代担任"守藏室之史"（文献典藏处的最高领导）。因此，后人将老子誉为中国最早的图书馆馆长。

(二) 图书馆的发展演进

1. 古代、近代图书馆

从世界范围看，图书馆产生后，欧洲中世纪时图书馆附设在宫廷和教堂里，因为这一时期教会占据统治地位；11—13世纪随着西方大学的兴起，大学图书馆逐渐发展起来；14—16世纪文艺复兴时期，欧洲各国掀起建立图书馆的高潮。特别是15世纪时，我国造纸术和印刷术传到欧洲，促进了西方国家图书馆的发展和藏书量的增加。

到了近代，17世纪中叶英国资产阶级革命爆发，资本主义开始在西方萌芽，极大地推动了图书馆的发展。新兴的资产阶级提倡学校教育，开始兴办向社会开放的图书馆，以提高劳动者的科学文化素质。在这种情况下，欧洲的图书馆纷纷从皇室、教堂脱离出来，办成向社会开放的图书馆。

在中国，图书馆在周代产生后，秦朝设立了专门的藏书机构，并设"柱下史"负责管理；汉代时我国国家图书馆已初具规模；从三国时期到隋唐五代，随着政治经济和文化的发展以及印刷术的发明，我国古代图书馆进入发展时期，国家藏书进一步发展，私人藏书也开始发展；从宋代到清代，我国古代图书馆进入繁荣时期，宋代雕版印刷术的盛行和活字印刷术的发明，使社会上的书籍和著作得以广泛流传，促进了图书馆业的发展。宋代时书院藏书蓬勃兴起，出现了江西"白鹿洞书院"、湖南长沙"岳麓书院"、河南"应天书院"和"嵩阳书院"四大著名书院。元代以后，皇家图书馆发展迅速；明代时，文渊阁因收藏《永乐大典》成为皇家图书馆的藏书中心；清代时，著名皇家图书馆有以收藏《四库全书》著称的南北七阁，其中，北方宫廷四阁包括文渊阁、文源阁、文津阁、文溯阁，江南三阁为文汇阁、文宗阁、文澜阁。明清时期私人图书馆也有很大发展，比较著名的有天一阁、汲古阁、澹生堂、绛云楼、海源阁、铁琴铜剑楼、酺宋楼等。

1840年鸦片战争以后，受西方资本主义文化的冲击，封建社会的藏书楼越来越不适应社会发展的需要，逐渐解体，出现了向社会开放的图书馆。1849年创建的上海书会（Shanghai Book Club），进入20世纪后由工部局接办，易名为工部局公共图书馆（Public library of Shanghai Municipal Council），这是"图书馆"一词在中国出现较早的例子。随着西方传教士进入中国，带有西方色彩的图书馆与中国古代藏书楼文化开始融合，上海作为东西文化的交汇点和最早开埠的沿海城市，成为近代图书馆的发源地，较典型的例子是创建于1847年的上海徐家汇天主堂藏书楼、创办于1875年的格致书院藏书楼。1894年上海圣约翰大学图书馆（后命名为罗氏藏书室或罗氏图书馆）建立，成为中国近代较早的大学图书馆。此外，武汉在中国近代图书馆史上也占有重要地位，1903年美国人韦棣华在原武昌县（现江夏区）昙华林文华学校筹办图书馆阅览室，1910年文华学校图书馆建成，命名为文华公书林，并为学校师生和校外读者服务。进入20世纪，中国图书馆在中西文化交融下得到长足发展。

1902年，京师大学堂（北京大学图书馆前身）的建立成为近代大学图书馆事业发展的重要事件。1909年，京师图书馆宣告正式成立，缪荃孙被任命为正监督，于1912年正式对外开放，成为中国北洋政府时期的国家图书馆（现中国国家图书馆），也成为近代图书馆发展史上具有代表性的一件大事。

2. 现代图书馆的发展

第二次世界大战以后，电子计算机等技术逐步在图书馆应用，图书馆的馆藏结构、服务方式、服务手段等发生了巨大变化。特别是进入21世纪后，电子图书馆、数字图书馆发展迅速，图书馆的形态和职能发生了革命性的变化，图书馆的工作和服务效率大大提高，服务不断深入。图书馆的文献载体不断丰富，不仅收藏印刷型的图书文献，也大量收藏非印刷型文献信息（缩微制品、录像带、磁盘、光盘、数据库等），大大改变和丰富了馆藏；图书馆之间的联系更加密切，逐渐向网络化、国际化方向发展；图书馆的职能不断扩展，除保存文化典籍、普及科学文化知识、进行社会教育外，还增加了信息开发传递和智力资源开发、文化休闲等职能。

二、图书馆的社会职能

图书馆的社会职能以基本职能为基础,是图书馆基本职能在一定社会的表现形式。如果说图书馆的基本职能是固定的,不受实践影响,那么图书馆的社会职能则受一定社会的影响,是社会赋予它和要求它的。因此,图书馆的社会职能随着社会的发展而扩展和深化。从古代图书馆到近代图书馆再到现代图书馆,图书馆职能的变化都是为了适应社会发展的需要。

1975年,国际图联将现代图书馆的职能定义为社会文献信息流整序、保存人类文化遗产、开展社会教育、传递科学情报、开发智力资源、文化娱乐休闲职能。上述职能基本上反映了现代图书馆的实际情况和现代社会对图书馆的要求。

(一)社会文献信息流整序

社会文献信息的生产具有两个明显的特征:一是它的连续性;二是它的无序状态。所谓连续性,是指社会文献信息一旦产生,就不会停止运动,总是源源不断地涌现。如计算机的产生,随之而来的是大量关于计算机知识的信息,这些文献会源源不断地产生,并随着学科的发展而发展。社会文献流的这种连续运动状态,叫作"文献信息流"。所谓无序状态,是指社会文献信息的产生,从个体单一的机构来说是自觉的,有目的的,但从社会整体上来说则是不自觉的,无目的的;文献流向是分散的,多头的。文献的这种无秩序、自然排列的流动状态就是"无序状态"。社会文献流的这种无序状态,给使用者带来了极大的不便。为了使人们能够合理、有效、方便地利用文献信息,控制文献信息流的流通,需要对文献信息进行整序。图书馆就是这种能对社会文献信息进行整序的社会机构。因此,对社会文献信息流的整序,就成为图书馆最基本的职能之一。

图书馆文献信息的整序工作,是利用分类、编目等技术方法,揭示文献信息的内容特征和形式特征,通过对文献信息的科学分类、组织,以达到为读者提供文献信息服务的目的。

(二)保存人类文化遗产

图书馆是人类文明的载体,它从产生之日起就承担了保存人类文化遗产的职能。图书馆按照一定的原则和范围,全面系统地收集记载人类社会发展的各种信息并进行加工、整理,使其长久地保存下来,流传下去。图书馆对于人类社会发展和进步有着不可磨灭的历史功绩。

图书馆最广泛、最完整地保存了记载人类活动的知识文化典籍,在整个社会体系中占有任何其他文化机构都不能取代的重要位置。因此,保存人类文化遗产是图书馆特有的职能。

为了系统、完整地保存人类文化遗产,许多国家颁布了有关保存珍贵图书、地方文献的法令,大多数国家还制定了出版物的呈缴本制度,由有关图书馆负责系统、全面地收集保存国内出版物,版本图书馆的建立就是为了实现这一目的。

(三)开展社会教育

图书馆是社会教育体系的重要组成部分,古代的图书馆就有着教育职能,但由于范围小,社会职能并不明显。由于大机器工业的生产不断要求各个工种岗位有比较高的科学技术知识含量,社会的需要使图书馆不再局限于收藏与管理职能。在这种情况下,图书馆逐渐对社会开放,广大读者涌进图书馆寻求知识,接受教育,使图书馆成为一个重要的社会教育机构。随着现代科学技术的发展和学习型社会的建立,人们对知识的需求越来越迫切,终身学习已成为一种生活方式,图书馆的社会教育职能越来越突出。

第一,进行思想教育。图书馆是国家文化教育事业的重要组成部分,根本任务之一是为社会服务。图书馆要大力宣传政府的方针、政策、法令等,使广大人民群众自觉维护国家和人民的利益,为建设美好的祖国而共同努力。在现阶段,我国图书馆的任务是开展社会主义精神文明建设,宣传社会主义法制、社会道德和行为规范,提高广大群众的基本素质,为建设和谐社会做出贡献。

第二,传播科学文化知识。图书馆传播科学文化知识包括三个层面的内容:一是为受教育水平较低的社会群体服务,为他们提供基本的科学文化知识，以提高他们参与社会竞争的能力；二是为虽然接受过良好教育，但为了适应科学技术的发展而继续学习的社会成员服务，促使他们能够跟上社会的进步与发展；三是为一些老年群体服务，帮助他们更新知识，使之更好地适应社会。

(四) 传递科学情报

科学技术是第一生产力，一个国家要发展生产力，必须加强科学研究和创新。而科学研究和创新具有明显的继承性、连续性。这就需要迅速地收集、掌握文献资料中的情报信息，以便为社会提供及时、准确的情报服务，避免遗漏和重复劳动。

现代科学技术迅速发展，记录科学技术的文献情报急剧增长，收集、整理需要花费大量的时间和精力，科学家们自发、分散、孤立地收集科学技术情报资料已远远不能满足客观需求，需要专门机构、人员从事科技情报的收集、加工、整理和传递工作，于是专门的情报机构应运而生。图书馆作为情报资料的重要收藏机构，传递科学情报成为其最重要的社会职能。

图书馆收集国内外各学科、各专业、各学派、各种深度的文献资料，不仅要向社会提供科技信息，同时还要提供政治、经济、文化、教育各领域的情报信息，以满足社会对情报信息的广泛需求。

(五) 开发智力资源

所谓智力，是人们认识客观事物并运用知识解决实际问题的能力。智力是一种资源，只有被人们开发和利用，才能发挥巨大的能量，为人类社会服务。图书馆开发智力资源的职能体现在以下几个方面：

第一，开发文献信息资源。图书馆收藏的图书文献蕴藏着知识、信息，是人类的智慧结晶，也是一种智力资源。采用现代化的技术手段，将文献资料中的情报信息充分揭示出来，为每一条信息找到使用者，同时为每一个需求者找到他所需要的信息，从而使图书馆的智力资源得到充分的开发和利用，为社会创造新的物质财富和精神财富。

第二，开发人的智力资源。人的智力是一种潜在的资源，只有经过开发，才能最大限度地发挥作用。图书馆关于人的智力资源开发工作与图书馆的社会教育职能密切相关。一是对读者进行学习方法和阅读能力的教育，培养读者的学习能力；二是对读者进行情报信息检索知识的教育，以提高读者利用图书馆的能力；三是对读者进行利用图书馆丰富的文献资料开展科研的教育，引导读者不断丰富自身的知识，更新原有的知识结构；四是开办各种培训班、讨论活动，开阔读者的视野，启发读者的思维等。

(六) 文化娱乐休闲

随着社会文明的进步和人类对生活质量的关注，人们对文化娱乐、休闲的需求越来越多。让社会民众走进图书馆，享受文化娱乐及休闲给人们带来的快乐，成为图书馆的另一社会职能，如图书馆可举办音乐茶座、音像放映等，使图书馆真正地成为人们生活中不可或缺的重要组成部分。

三、图书馆的一般属性

图书馆作为社会科学、文化、教育系统的组成部分，具有其所属系统的一些共性，这些共性就是图书馆的一般属性，或称社会属性。图书馆的一般属性主要有社会性、学术性、服务性、教育性和中介性等。

(一) 社会性

图书馆作为社会各界共同使用文献信息的一个组织机构，图书馆的文献信息本身具有广泛的社会性。

第一，图书馆的文献资料是人类征服自然、改造自然和社会实践历史过程的记录，集聚了古今中外人类创造、积累的知识，是人类智慧的结晶。因此，它是人类创造的精神财富。

第二，图书馆读者具有社会性。图书馆是面向全社会开放，并为所有的社会公众服务，所以图书馆的读者具有广泛的社会性。

第三，图书馆网络化是图书馆具有社会性的表现。目前，随着计算机和网络技术的发展，国家数字图书馆的建立，资源共享已成为现实，图书馆的社会性得以充分体现，诸如编制联合目录、馆际互借等协作与协调活动等是其具体体现。

(二) 学术性

1. 图书馆工作的学术性表现

图书馆工作的学术性表现在图书馆工作作为科学研究的前期劳动和图书馆工作本身两个方面均具有学术性。

图书馆尤其是大型图书馆收集了大量包括从古代到现代的图书和最先进的信息资源，所以图书馆成为教学、科研和技术创新的窗口，图书馆工作本身体现了较强的学术性，而且图书馆的各项工作，如图书的分类、编目、组织管理、文献检索等也具有一定的学术性。学术性功能，必然伴随着工作要求的提升，如对图书馆的文献资料、读者、各项工作的技术方法进行深入研究，从而摸索出规律性，不断提高工作质量和效率。特别是现代化图书馆的建设更需要研究新技术条件下图书馆的办馆理念、工作程序、技术方法等，以满足社会对图书馆文献信息服务工作的需求。

2. 图书馆工作是科学研究的基础

图书馆工作是科学研究的前期劳动，是构成科研能力的主要因素。科学研究是一种社会劳动，具有明显的连续性和继承性，任何一个科研工作者在从事某项科研工作的时候，总是首先对所选的课题进行大量调研活动，了解它的研究历史、目前的研究水平及今后的发展，以此作为定题的依据和进行科学研究创造的参考，使科研工作在前人已取得成果的基础上进行，这种科研前的准备工作，就是以文献调研为主的调研活动。图书馆及情报部门完整、系统地保存了记录人类知识和智慧的文献资料，是文献调研活动的主要承担者。所以说，图书馆的工作是科研工作的一部分，图书馆的工作是科研工作的前期劳动，具有学术性。

(三) 服务性

图书馆是通过文献资料的收集、整理、传播和利用，将一部分人的知识成果转移给另一部分人，在文献的传播和交流过程中表现出服务性。同时，图书馆作为信息服务产业的组成部分，其服务性更加明确。

图书馆收藏文献的目的在于"用"，图书馆存在的价值也在于"用"。因此，利用文献为用户服务是图书馆的根本职责和任务。图书馆的服务性从文献传递的过程中体现出来，具有公益性的特征，免费为读者提供精神文化产品，服务的成果表现为社会效益，而非经济效益。

图书馆既然是一个服务性行业，就会要求图书馆的工作人员具备从事这项工作所必备的各种知识，如专业知识、科学文化知识、外语知识、计算机应用能力等，并且熟悉馆藏、了解读者，具有良好的职业道德和奉献精神，只有这样才能充分发挥图书馆的作用。

(四) 教育性

图书馆的功能是通过文献资料传播科学文化知识，为读者提供终身教育，以促进社会和谐发展，所以其具有教育性。

图书馆是人们进行终身教育的场所，读者利用图书馆的文献资料不断提高自己的综合素质，以满足社会科学技术飞速发展的需求，所以图书馆的教育既是学校教育的补充，也是学校教育的继续。

图书馆的教育形式灵活多样，既可以推荐文献资料、辅导读者阅读，也可以举办各种讨论会、学术报告会等，以激发读者的学习兴趣，满足读者对知识的各种需求。

图书馆的教育对象十分广泛，一切能够利用图书馆的社会各阶层人士都是它的教育对象。任何年龄、职业、种族、信仰、受教育程度的读者，都可以按照自己的兴趣和需要，在浩如烟海的知识海洋中摄取所需要的科学文化知识。

四、图书馆的构成要素

图书馆一般由藏书、读者、馆员、技术方法、建筑与设备、图书馆管理六个要素构成。这些基本要素相互联系、相互作用，构成了图书馆的有机整体。

(一) 图书馆的藏书

图书馆的藏书是一个集合的概念，是图书馆所收藏的各种类型文献的总和，既包括传统的印刷型文献，也包括新型载体的视听资料、电子出版物等。藏书是图书馆赖以存在和发展的物质基础，也是根据图书馆的性质、任务和读者对象的需求，将各类文献有目的、系统地收集起来，经过科学加工、整理，合理排列组合，成为有重点、有层次的图书馆藏书体系。图书馆的藏书有三个特性：其一是文献的集合；其二是经过选择的文献的总和；其三是经过加工和组织以供读者利用。

所谓文献，ISO《文献情报术语国际标准（草案）》中的定义是："文献是指记录一切人类知识信息的载体。"根据这个定义，图书馆的藏书不仅包括传统的印刷型图书，还包括其他物质载体的文献，这就突破了传统图书馆藏书的概念。

文献的总和并不是所有文献的随意相加和堆砌，图书馆的藏书是根据图书馆的性质、任务和读者对象的需求精心挑选出来的文献。由于各个图书馆的性质、任务和读者服务对象的不同，其所收藏的文献侧重点也有所不同。所以"藏书"只是图书馆针对其特定情况精心选择的部分文献资料。

图书馆的藏书是经过科学方法加工，按一定体系布局排列，并进行合理保管，最终提供给读者利用的文献资料。不经过加工的文献，不是真正意义上的图书馆馆藏文献，更不可能在图书馆流通和借阅，也无法在图书馆有序排列和保管。

长期以来，关于图书馆藏书的"藏"与"用"问题，一直是人们争论的焦点。程亚男先生指出，图书馆的本质属性是藏用性，即对文献的收藏与利用，或称文献的聚集和知识信息的传播。对此，他提出三点理由：一是藏用性是图书馆区别于其他机构的特有属性；二是藏与用是古今中外图书馆都具有的基本功能；三是图书文献的收藏与利用，构成了图书馆的特殊矛盾和主要矛盾，这对矛盾决定着图书馆的其他矛盾，并不断运动，推动着图书馆事业的发展。由此可见，图书馆藏书的"藏"与"用"是一个长期被图书馆界讨论或争论的话题。

需特别指出的是，图书馆的藏书和用书是一对矛盾统一体。有人提出藏书应以"用"为目的，这个观点不完全贴切。其实，不同的图书馆在文献资料"藏"与"用"的问题上应有所侧重，如，国家图书馆行使国家总书库的职责，理应以"藏"为主；而省级公共图书馆以保存地方文献为主要职能，则应以"用"为主。但是，无论"藏"还是"用"，图书馆藏书之最终目的是为社会所"用"的。

(二) 图书馆的读者

读者包括读者范围及读者类型。读者是指图书馆的服务对象，通常指具有一定阅读能力从事阅读活动的社会成员。图书馆的读者群属于特定的范畴，是社会群体中的一部分，专指与图书馆发生关系的人，凡是利用图书馆从事活动的一切社会成员都是图书馆的读者，其中包括个人、集体、单位。在各级各类学校，图书馆实际上是以教师和学生为主要读者对象；而在社会图书馆，读者的含义相当广泛。因此，应将图书馆的服务延伸到社会的各个阶层及所有社会成员中，最大限度地发挥图书馆在促进社会进步与发展中的作用，以满足各类人士的需求。

读者类型一般指图书馆的读者是持有借书证的人。随着社会科学技术的不断发展，特别是网络技术的普及，以及人们生存和休闲方式的多样化，图书馆的读者对象发生了很大变化。就目前来说，图书馆的读者有着三种含义：其一，现实读者。图书馆的现实读者可分为正式读者和临时读者。正式读者指持有图书馆借书证或阅览证，与图书馆建立正式借阅关系的人；临时读者指无借阅证，尚未与图书馆建立确定关系，偶尔利用图书馆的人。其二，潜在读者。指一切造访图书馆的人，包括在图书馆休闲娱乐的人，听讲座、看展览的人，以及没有任何目的走进图书馆的人。其三，网络读者。指通过网络浏览图书馆网页的人。图书馆网络读者的特点是受众面广、数量多且不受地域限制。网络读者的出现，要求图书馆加大文献数字化建设，以跟上现代信息技术的发展，满足人们对网络信息的需求。

(三) 图书馆的馆员

图书馆的馆员指图书馆所有的工作人员，包括各层次的领导干部、行政管理人员和技术业务工作人员。其中，图书馆的技术业务人员包括图书管理员、助理馆员、馆员、副研究馆员、研究馆员等。他们是图书馆各项工作的管理者和组织者，是联系图书馆与社会各界的媒介。图书馆社会作用发挥大小、工作成绩的优劣，很大程度上取决于图书馆馆员的综合素质。

随着知识经济时代的到来和信息社会的发展，图书馆的社会角色发生了很大变化，已从单一传递书刊、文献资料，发展到了信息查询、社会教育、传递科技情报、网络信息等多种服务形式。这些业务的延伸和发展，对图书馆馆员的思想素质、综合素质及业务素质提出了更高的要求，他们需要不断转变观念、更新知识才能适应时代要求。

(四) 图书馆的技术方法

技术方法是指图书文献的收集、整理、组织、管理、流通、利用，以及各个业务部门工作的技术方法。技术方法构成了图书馆工作的方法系统，该系统包括传统手工操作的技术方法，也包括以计算机技术为主要手段的现代信息情报技术。

现代化技术方法的运用需要合理调整图书馆的工作程序，以提高图书馆管理的效益。在2004年全国公共图书馆第三次检查工作中，把合理的工作程序作为考核图书馆服务效益的标准。这一标准的出台，标志着对图书馆现代化技术的应用提出了更高的要求。

(五) 图书馆的建筑与设备

图书馆的建筑与设备是图书馆开展工作的物质条件，其建设规模、建筑风格及现代化设备的应用，使得图书馆的服务工作从单一向深度和广度发展，服务手段从单向向多元化发展，服务能力和效益得到极大的提高。

目前，世界上绝大多数国家，将国家图书馆、省市图书馆和高等学校图书馆作为图书馆建设的重点。这些国家将图书馆的硬件建设作为教学、科研和国家城市文明进步评估的重要内容，并对其建设规模、藏书数量等制定了详细的评估指标。另外，对图书馆的建筑风格和技术装备也有一定的要求，首先，要求建筑风格具有明显的时代特征。随着图书馆读者服务工作内容、形式、技术设备的不断变化，图书馆的建筑也随之改变。从传统图书馆到现代化图书馆，图书馆的技术设备随着服务方式的改变、新技术的应用不断发生变化。其次，要求技术装备有较大的改观，如计算机设备、电工设备、空调设备、消防安全设备及业务工作相应的技术设备的更新升级等。

(六) 图书馆管理

图书馆管理是指计划、组织、控制、协调图书馆工作中的人力、物力、财力加以合理运用,达到以最少的消耗实现图书馆的既定目标,完成图书馆任务的过程。没有图书馆的科学管理,就没有工作的合理化和科学化,图书馆也就不能成为具有特定功能的有机整体。

图书馆管理的内容有很多,如图书馆组织机构的管理、人事制度管理、业务管理、行政事务管理、图书馆的规章制度、管理的方式和方法等。这一切构成了图书馆整个的管理体系,以保证图书馆事业科学、高效、可持续地发展和壮大。

第二节 数字图书馆内涵的阐释

一、数字图书馆的界定

(一)数字图书馆的定义理解

随着信息技术的快速发展,人们对数字图书馆有了更为深入和广泛的认识与理解。因为出发点和落脚点各不相同,关于数字图书馆究竟应该如何定义,也出现了很多不一样的说法。此处并不试图整合这些定义或明确支持其中的某一观点,而是摘录其中部分较有代表性的定义作为参考。国际图书馆协会联合会(IFLA)关于数字图书馆的定义为:数字图书馆是高质量数字化馆藏的在线集聚,其制作、收藏以及管理是根据国际上普遍认可的馆藏发展原则进行,其馆藏的开放方式是协调统一可持续的,同时,也会配套一些必要的服务,让读者能够使用其资源。

另外,美国总统信息技术咨询委员会(PITAC)发布的报告《数字图书馆:获取人类知识的通用途径》,对数字图书馆进行了定义,报告认为数字图书馆是一种对人类知识进行获取的通用途径。在任何时间、任何地点,任何一位公民都可以通过连接了互联网的数字设备,对所有的人类知识进行搜寻和了解。借助互联网,人们可以对数字藏品进行访问,这些数字藏品的创建者既包括传统图书馆、档案馆、博物馆,也包括大学院校、专门组织、政府机构,甚至包括来自世界各地的个人。这些由新的图书馆提供的资料是数字版本的传统图书馆、档案馆、博物馆的馆藏资料,其中包括文本、文件、视频、声音及图像。通过其拥有的强大技术实现能力，用户能够对其查询功能进行改善，分析查询的结果；同时，为了方便交互，还能对信息的形式进行改变。高速网络的不断建设和发展，让来自不同数字图书馆群的用户之间也能协调一致共同工作，对各自的发现进行交流学习，并能够使用仿真环境、科学遥感仪器、流式音频和视频。无论这些数字信息的物理位置在哪里，即不管在现实中它们存放在哪里，我们都能通过先进的搜索软件进行查找，并把它提供给需要它的用户。在这样的美好设想之下，不管是任何个人还是群体，都能够对世界上的知识资源进行了解学习。

对于数字图书馆的概念，并不能简单地看作具有信息管理工具的数字收藏，从本质上而言，数字图书馆更应该是一种环境，它把收藏、服务和人结合在一起，对包括创造、传播、使用、保存的数据、信息甚至知识的全部流程和过程进行支持。美国研究图书馆协会（ARL）对目前流行的关于数字图书馆的各种定义进行了归纳，发现其中有五个共同要素：第一，数字图书馆并不是单一的实体；第二，数字图书馆的技术要求能够对很多信息资源进行链接；第三，对于最终用户，多个信息机构和数字图书馆之间的链接是公开透明的；第四，其目标是能在全球范围内对数字图书馆和信息服务进行存取；第五，数字图书馆的馆藏内容包括但并不限于传统文献的数字化替代品，那些不能通过印刷表示或者传播的数字化人造品也可以被数字图书馆收藏。

对于数字图书馆，主要有以下定义：

第一，所谓数字图书馆，是一个组织，该组织拥有一些相关资源，如专业人员等，在数字资源方面，该组织可以对其进行挑选、组织，并提供智能化的存取、翻译、传播。同时，对资源的完整性和永存性来说，数字图书馆也会进行保证，从而让特定用户和群体能够快速且经济地对这些数字资源进行利用。

第二，数字图书馆是用数字化的格式对信息进行存储，并提供通过网络进行存取且具有服务功能的一种整理过的信息收藏。在这个定义中，其重点是这些信息是经过整理的。

第三，数字图书馆可以通过电子的方式，对海量的多媒体信息进行存储，同时能够在其中对信息资源进行如插入、修改、删除、检索等高效的操作，同时，它还能对访问接口进行信息保护。并且它具有三个核心定位：首先，数字图书馆应当作为国家的一个数字文化平台；其次，它还应当成为国家的数字教育平台；最后，它也是国家的一个数字资源集合。

数字图书馆并不是简单地对传统图书馆进行数字化的结果，而是新时代、新背景之下产生的一种全新的知识管理和服务体系，它具有信息化、数字化、网络化的特点。构建数字图书馆及其发展的过程需要一步一步实现，在不断变化和改进的过程中，我们对它的理解和认识水平逐渐提高，影响这个过程的因素还有社会经济水平、技术水平和人类的认知水平。所以，随着经济及技术的不断发展，会出现一些阶段性的定义或名词，比如自动化图书馆、数字图书馆和最新的云图书馆等。

(二) 数字图书馆与传统图书馆的区别

数字图书馆是以信息化思路为核心建设理念，以数字化服务为主要手段建设起来的网络信息服务体。它诞生于工业社会向信息社会转型的时期，并将在信息社会中承担重要的信息和知识服务功能。

第一，数字图书馆的服务内容，也就是信息本身以及信息服务必须是数字化的，而不仅仅是传统纸质书籍和借还书业务。这意味着数字资源的收集和整理将是数字图书馆一切活动的前提，而基于传统介质的业务数字化改造，如RFID、自助借还书系统、网络订阅和催还等服务，虽然也是信息技术应用，但它们都不在数字图书馆的业务范围之内。

第二，在建设和服务理念方面，数字图书馆的先导思路一定是信息化思路，而不是试图将现有图书馆业务通过数字化形式来展现。虽然数字图书馆起源于人们对图书馆传统业务的改造，是图书馆在数字环境下的一种再现，但数字世界有其自身的规律和特点，人们建设数字图书馆就要严格遵循信息时代的规则，而不是因循守旧。比如在数字服务中使用"册"数来约束用户并发数量，虽然看起来是版权问题，但实质是传统业务理念和业务思维的制约所致，与信息化的思路格格不入。

第三，在工业社会向信息社会转型过程中，数字图书馆的状态也在不断发展和变化，并随着不断进步的社会信息化而进步。数字图书馆的建设离不开其所处的社会信息化背景，不可能超越这一时代环境，直接实现理论上所谓理想的知识服务。这主要不是技术层面的问题，而是涉及了整个社会经济生活与人们的行为习惯。

关于数字图书馆与传统图书馆的差异，还有更为简洁的观点，即"数字图书馆不是图书馆"。按照这个观点，我们现在使用的"数字图书馆"的名称来自英文"Digital Library"的直接翻译，在它的本意中，"Library"代表着"库"这一含义，并不是我们常用的"图书馆"这一含义，但是因为人们在进行翻译时习惯性使用了"数字图书馆"这一译文，才一直流传并使用到现在。数字图书馆会被叫作数字"图书馆"的原因，可能更多只是作为一种比喻和借用，其主要是想指出在存储、传播知识方面，它的功能及作用和传统的图书馆很相似，但并不是说它确实就是传统意义上的图书馆。

二、数字图书馆的作用及特点

(一)数字图书馆的主要作用

随着信息技术、通信技术和网络技术等科学技术的不断发展，数字图书馆的建设也快速发展起来，这对一个组织、一个国家乃至整个世界都具有巨大的作用和影响。它的作用主要体现为以下几个方面：

第一，数字图书馆拥有海量的数字资源。在从传统图书馆转向数字图书馆的过程中，海量的资源被积累下来，为了保留资源以便后续更好地利用资源，将资源进行数字化是一种行之有效的手段。数字图书馆历经多年的发展和变化，积累了大量的数字资源，如卫星、遥感、地理、地质、测绘、气象、海洋等科技数据以及人口数据、经济统计数据等。数字图书馆的建设基本上始于数字资源中心的建设。数字图书馆的资源来源主要是将早期的纸质资源进行数字化。近些年来，因网络技术快速发展和进步，数字图书馆中资源来源途径主要依靠电子出版物。当前，互联网成为数字图书馆数字资源的巨大来源，通过对网络资源进行处理和分类，越来越多的资源被收纳到数字图书馆中。数字图书馆需要先将资源进行数字化，通过不断扩充数字资源储备，用户可以通过网络享受到高质量的信息和知识服务。

第二，数字图书馆是有益学习的教育平台。现代社会的工作和生活环境要求人们终身学习。然而，由于时间的限制，让每个人都回到大学是不现实的。在网络数字环境下，数字图书馆可发展为业余教育、在职教育乃至趣味教育的中心。人们通过数字图书馆的服务进行多种形式的学习和交流，从文化、休闲、娱乐的过程中提高素质，人们的生活会越来越丰富，这也为全人类的进步和发展做出了贡献。

第三，数字图书馆是传承文化的平台。在对人类文明进行保存和传承方面，图书馆承担着重要的职责。在人类社会几千年的历史进程中，图书馆随着社会的进步而发展。在中国，图书馆的发展已有一百多年的历史，改革开放以来，我国逐步形成了较为完善的公共图书馆服务体系，为提高国民素质、促进社会文明进步发挥了重要作用，做出了巨大贡献。数字图书馆作为文化传承的平台，各种不同的文化可以通过数字图书馆进行扩展，人们可以通过互联网更便捷地认识和学习其他国家的文化和历史；同时各个民族、各国文化可以以此为工具平台进行不断传承和发展。这里面提到的传承文化的平台具体包含图书馆、博物馆、档案馆、大学和政府部门提供的各种类型的文化资源。通过这些平台，人们可以轻松获取历史文化知识，不断增强民族认同感。通过这个平台，可以向其他国家展示我们经济、文化等多方面的发展水平，促进人类文明的不断进步和发展。

第四，数字图书馆是信息基础设施的重要组成部分。数字图书馆是建设国家新型信息基础设施一项非常重要的组成部分，已成为国际高新技术竞争的又一制高点。21世纪以来，世界各国文化与科技的竞争更为激烈，数字图书馆的建设也是竞争的一个方面，这场比拼不仅表现在科技领域、文化和意识形态领域，更多表现为知识经济时代的市场竞争。数字图书馆是一个跨部门、跨行业的大型文化工程，因此，数字图书馆的建设一定要有政府的介入，进行统一规划、组织和协调，并给予资金和政策方面的支持和保障。另外，电子技术具有传承文化传统的作用，中华文明有着源远流长的历史，可以利用电子技术在中国建设全球最大的中文信息中心。对中国的数字图书馆工程进行建设，实际上，也是对中文互联网进行建设。在对中华文化进行继承和弘扬、力争在未来的全球性竞争中掌握主动权方面，这项工程具有十分重大的社会和经济意义。

第五，数字图书馆是现代化图书馆发展的重要路径。随着计算机网络以及信息处理技术的飞速进步和发展，人们的学习、生活、工作乃至思维方式等发生了巨大变化。信息处理技术的发展以及多媒体技术的出现和广泛应用，使得越来越多的文字、声音、图片、影像资料开始以数字形式出现在大众生活里，对社会的发展产生了重要影响。越来越多的国家认识到在增强综合国力、提升国际竞争力方面信息所发挥的重要作用，继而先后提出了建设"信息高速公路"的计划，并通过建立信息网络，对国家的创新和经济社会的发展进行支持，人类社会快步走进了信息化社会。

(二) 数字图书馆的主要特点

为了更好地建设数字图书馆并充分发挥其作用，我们要对数字图书馆的特点进行探讨。当前，受网络环境影响，数字图书馆主要有六个比较明显的特点。

1. 信息资源数字化

信息资源数字化是数字图书馆在内容方面所表现出的特点。与传统图书馆相比，数字图书馆最大的不同之处在于数字图书馆的本质特征是其存储和传递的信息资源是数字化的。在数字图书馆中，信息的载体是数字，只有依附于数字，信息才能存在。如果没有数字化的信息资源，数字图书馆就是没有根的树木、没有源头的水。所以，在建设初期，数字图书馆的主要任务是对资源进行数字化处理，只有确保数字化资源充足，数字图书馆才有立足的根基，才能充分对各种技术手段进行利用，提供用户需要的服务。

2. 信息组织智能化

信息组织智能化是数字图书馆的结构特征。数字图书馆不仅能对信息进行组织和加工，同时还能对信息进行获取、传递、交流等，能够为用户提供具有更高附加值的知识和进行知识导航服务。伴随着计算机和网络技术的不断发展和进步，数字图书馆将不断向智能化方向发展。

3. 信息内容动态化

信息内容动态化是数字图书馆的形式特征。在知识单元的基础之上，数字图书馆对各种信息载体和信息来源，包括图书、期刊、网页、数字库、多媒体资料等，进行有机组织和连接，将它们整合在一起，通过动态分布的方式给用户提供所需要的服务。

4. 信息服务网络化

以信息资源的数字化为基础，实现数字图书馆的建设主要需要依靠信息基础设施，而信息基础设施的建设则以网络为主，从服务范围来看，数字图书馆所提供的服务范围是传统图书馆无法企及的。计算机网络能够有效地使分散在不同地方的网络资源连接到一起，并通过网络方式，对这些资源进行分布式的管理以及存取。只要所在的地方有网络，用户就能够通过多种不同的方式自由、便捷地获取所需要的信息，而不受时间和地点的制约。网络化技术的不断发展，使数字图书馆的无缝服务变得更加便捷，在任何时间、任何地点，数字图书馆都可以为任何人提供他们需要的服务。

5.信息利用共享化

数字图书馆在信息利用方面，以数字化和网络化为基础，呈现出了无限性特征，即资源和服务的跨地域、跨行业无限性。此外，在资源共建方面，呈现出跨地域、跨国界的协作化特征，在资源共享方面呈现出便捷性的特征。众多的图书馆能够通过网络对各种数字信息进行获取，满足用户日益增长的信息需求，主要得益于信息传递的网络化。从技术上而言，世界各地的人们都可以通过互联网访问任何一个数字图书馆，对其信息资源进行权限内的自由使用。这种使用不受地理位置和时间的影响，使数字图书馆真正实现了信息资源在全球范围内的充分共享。

6.信息服务知识化

知识服务能够提供给用户有用的信息和知识，有一个重要的基础是通过互联网进行信息的搜索和查询。通常来讲，知识服务可以提供的种类很多，既包括新闻摘要、论坛服务、网站排名、博客搜索、问答式检索等基础功能，也包括情感计算、热点发现、信息分类、聚类搜索、倾向性分析等高级功能。关于知识服务和知识管理的概念，其提出和发展与技术的发展与进步息息相关，其内涵也一直处于发展变化的状态。知识服务是一种关于认识和组织服务的观念，与传统的信息服务相比具有以下几个方面的不同：

第一，在传统的信息服务中，基点、重点以及终点都是关于信息资源的获取，而知识服务与之不同，它的驱动力是用户目标。知识服务所关注的重点和最终的评价是"通过我的服务是否使您的问题得到了解决"，而不是"我是否为您提供了需要的信息"。

第二，传统信息服务主要是根据用户的简单提问，向用户提供从文献中物理获取的一般性知识；而知识服务则不同，它是一种基于逻辑获取的服务。知识服务面向的对象是知识内容，对于用户需求的分析较为重视，它会根据问题和问题产生的环境对用户需求进行分析确定，通过对信息进行析取和重组，最终形成一个符合用户需要的知识产品，同时，它还能评价知识产品的质量。

第三，传统的信息服务主要是提供具体的信息、数字和文献；而知识服务并不满足于此，它的服务是提供解决方案。信息和知识的作用主要表现在能够对解决方案的提出做出贡献，因此知识服务的关心重点和致力方向一直是如何帮用户找到或者形成合适的解决方案。知识服务所围绕的重点是形成和完善解决方案，而在形成解决方案的过程中，我们需要对信息和知识不断地查询、分析、组织，因此知识服务和传统信息服务表现出很大的不同。

第四，传统的信息服务是基于固有过程或固有内容进行，而知识服务却贯穿于用户解决问题这一工程的全过程。知识服务是按照用户的要求，动态、连续地组织服务，在用户对知识进行捕获、分析、重组、应用的全过程中，它都是存在的。

第五，知识服务关注和强调的是，在为用户解决其他知识和能力不能解决的问题时，如何使自己独特的知识和能力得到充分利用，如何对现成文献进行加工，从而形成具有独特价值的新的信息产品。因此，知识服务是一种面向增值服务的服务，它希望自身价值的实现不仅是基于资源占有、规模生产等方式，而是能够通过知识和专业能力为用户创造价值。它希望对用户的知识应用和知识创新效率进行提升进而实现其价值，并通过对用户服务过程最可能部分和关键部分的直接介入使价值得到提高，让自己的产品或者服务成为用户需求的核心部分之一。

第三节　从数字图书馆到智慧图书馆

近年来，随着信息技术的不断发展，人工智能蓬勃兴起，"智慧地球""智慧城市""智慧社区""智慧校园"等概念不断涌现，为图书馆的发展带来了新的挑战，同时也带来了新的生机。图书馆必须抓住技术变革带来的机遇，在数字图书馆的基础上，加快向智慧图书馆转型，将战略中心从数字图书馆建设转向智慧图书馆建设。

智慧图书馆是图书馆在新时期、新环境下为满足用户新需求而产生的新形态,是图书馆发展的新目标,是智能技术和人文智慧的融合。我们需要意识到,社会和公众不是不需要图书馆,而是需要图书馆走向新形态、实现新功能。图书馆未来发展的战略目标不是数字图书馆,也不是智能图书馆,而是智慧图书馆。

一、图书馆形态发展演进的过程

图书馆自产生以来,伴随着技术和环境的变化,目前已经发生了两次重大转型,即从传统的第一代纸本型、物理型图书馆发展到第二代数字型、移动型图书馆,目前正在向第三代智能型、智慧型图书馆转型。

第一代纸本型、物理型图书馆围绕图书馆的物理馆舍,主要依托图书馆的空间和文献资源发挥作用,以为到馆读者提供到馆文献服务为核心。随着互联网技术的出现及快速发展,第二代数字型、移动型图书馆开始借助网络为用户提供网络信息服务。当前,伴随着物联网技术、智能代理技术的快速应用,大数据和人工智能等具有颠覆性创新型技术的出现,快速推动着图书馆服务的升级和转型,智能型、智慧型图书馆(目前还是雏形)开始出现,图书馆开始为用户提供智能化、智慧化的知识服务,以帮助用户在大量碎片化信息的世界中快速获得想要的知识,图书馆从数字图书馆向智慧图书馆的转型势在必行。

虽然图书馆已经发生了两次大的转型,但多年来图书馆的服务始终以需求驱动为导向,不断升级服务内容、服务模式,由最初的仅为读者提供到馆文献服务,转换为走到用户身边,借助网络跨越"时空"为用户提供信息服务,并且开始向为用户提供智能化、智慧化的知识服务过渡。但需要明确的是,图书馆的发展过程并非替代的过程,原有的图书馆功能依然存在,到馆文献服务仍然有其存在的意义,只是随着网络、科技的发展,原有的功能可能会相对弱化,图书馆正在衍生出更加具有时代意义的新属性和新功能。

二、数字图书馆与智慧图书馆的区别

智慧图书馆是数字图书馆发展的目标和高级形态,两者在功能属性、

建设目标、作用机制和建设内容上存在着一定的区别。具体如下。

(一) 功能属性不同

数字图书馆与物理图书馆相对应，是在物理图书馆文献信息资源的基础上，结合信息技术发展而来的一种服务信息系统，其功能是便于用户更好地检索和利用馆藏信息资源；智慧图书馆则与数字图书馆相对应，是在数字图书馆的基础上发展进化而来，实现了多种信息技术在图书馆中的智能应用，并且结合馆员智慧，面向用户提供智慧服务。数字图书馆的发展以提供网络服务为导向，其基本功能在于文献信息资源保障，信息技术的发展革新、应用场景的不断变化和技术应用的实际成效都直接影响着数字图书馆的功能定位和所提供的服务产品；智慧图书馆则以智慧服务为导向，基本功能是知识的利用，其驱动力源于新时代下图书馆用户需求的发展变化和图书馆转型创新变革的内在发展需要，是图书馆重塑核心能力、强化知识服务的必然要求。

(二) 建设目标不同

数字图书馆的建设目标是通过实现面向内部业务流程的数字化，满足图书馆运行与发展需要，并提高图书馆运营效率。数字图书馆旨在结合技术手段解决图书馆发展所面临的基础性矛盾，即用户文献需求与图书馆资源保障不足之间的矛盾。而智能图书馆以面向用户提供智能分析能力为目标，旨在满足用户高层次、不断深入的服务需要，解决的是用户对图书馆新型服务的需求与图书馆服务能力不足之间的矛盾。智慧图书馆建设所借助的技术手段，更强调通过智能技术为用户提供智能、智慧的解决方案，以帮助用户在大量馆藏中发现知识。在此场景下，图书馆不仅是信息查询与检索的场所，更是一种提供知识利用与知识服务的服务机制。

(三) 作用机制不同

数字图书馆的基本要求在于正确地做事（Do Things Right），遵循系统指令和系统设定，刻板机械地对每一条来自用户的请求和指令做出回应；而智慧图书馆更注重做正确的事（Do Right Things），通过系统智能辅助人工智慧，使图书馆的运行能够即时纠偏，从而提供更加个性化的服务。"Do Things

Right"和"Do Right Things"代表了两种截然不同的思维与行为，前者着眼当前，强调"方法"的正确；后者着眼长远，强调"方向"的正确。正是由于这两种理念导向的不同，带来数字图书馆和智慧图书馆作用机制的差异，因此，"做正确的事（Do Right Things）比正确地做事（Do Things Right）更重要"。

（四）建设内容不同

数字图书馆的建设主要关注图书馆的门户网站，以满足用户对文献的需求为主，因此建设重点多关注网络信息采集、数字资源组织与揭示、跨库检索功能的实现、信息门户网站的建设、数字参考咨询服务的提供，以及"我的图书馆"（My Library）、"个人图书馆"（Personal Library）、复合图书馆的建设等内容，具有着眼馆内、文献高度相关、中介性、事务性和技能性的建设特点；智慧图书馆建设则重点关注如何提供智慧服务，以满足用户对知识的需求为主，直接面向用户需求和用户过程，基于图书馆物理空间与智能空间、智能业务等"物"的"智能"，为图书馆业务开展提供大数据分析与决策支持，实现智能业务处理分析和智能用户服务，进而与专家型馆员、智慧型馆员等"人"的"智慧"有机结合，提供知识性、创造性和增值性的智慧服务，致力于使图书馆成为用户研究学习的深度合作伙伴。

总之，数字图书馆的技术核心是对馆藏文献信息资源的数字化，而智慧图书馆的技术核心是实现用户所需知识的数据化；数字图书馆的目标核心是通过技术解决图书馆融入信息化时代的发展需要，智慧图书馆的目标核心是将馆员智慧与技术手段相结合，为用户提供智慧化的解决方案；数字图书馆的需求核心在于解决图书馆内部发展需要，智慧图书馆的需求核心在于满足用户知识需要；数字图书馆的服务核心以满足用户对资源的检索利用需求为主，而智慧图书馆的服务核心则以挖掘和满足用户高层次深度知识需求为主。

三、数字图书馆与智慧图书馆的联系

（一）数字图书馆是智慧图书馆的基础

没有数字图书馆，就没有智能图书馆，更没有智慧图书馆。智慧图书馆的核心是"人的智慧"+"物的智能",其"智慧"体现在通过人的主观能动性和创造性解决问题的能力;智能图书馆是"智能技术与数字图书馆的有机结合"与"图书馆的物理环境"的有机统一,其"智能"体现在通过系统或平台代替人的劳动;数字图书馆则是基于物理图书馆的资源与互联网技术构建的一种分布式信息服务系统,具有数字化和网络化的特征,为各种智能技术提供最基本的应用场景。

数字图书馆是智慧图书馆的基础,智慧图书馆是数字图书馆的发展目标。数字图书馆作为图书馆建设、组织和提供文献信息资源的主要平台,本质仍然是对传统图书馆模式的延伸,数字图书馆的服务依赖于传统的文献信息产品,而非信息内容。数字图书馆以技术为主导,侧重于数字化产品的生产提供;智慧图书馆则以智慧服务为主导,实现馆员智慧和用户智慧的交流互动,满足用户的知识需求,是图书馆发展的高级形态。

(二) 智慧图书馆是数字图书馆的发展目标

数字图书馆需要走向智能,更需要走向智慧。数字图书馆作为一种信息服务系统,是帮助一定的用户群体根据一定的应用目的、利用一定的信息内容的过程。数字图书馆的服务模式要从提供文献资源的检索获取利用,向提供深层次多样化的知识服务转变,这离不开各类智能技术的辅助。可见,数字图书馆是对图书馆信息资源的数字化、虚拟化和信息化,是对图书馆的局部性变革;在数字图书馆的基础上,智慧图书馆结合人工智能、机器学习、物联网等新技术实现了图书馆从数字化到智能化再到智慧化的发展,是对图书馆的全面升级。数字图书馆的建设需要跳出原有的舒适圈,摒弃以资源为中心的"地心说",向以用户为中心的"日心说"发展;转变以文献检索传递为中心的"检索观",向以支持用户对信息的各种利用需求为中心的"利用观"进步,积极且善于发现新技术发展新的服务、创造新的价值,实现向智能图书馆直至智慧图书馆的发展。

第四节　智慧图书馆产生的背景

从哲学上来说，新事物的产生符合事物发展的客观规律和前进趋势，技术的发展、人文精神的需求以及社会需求的体现均是智慧图书馆产生的重要原因。智慧图书馆是社会需求与图书馆自身交互作用的产物，是图书馆服务范围不断拓展的产物，社会的需求是智慧图书馆产生的外在动力，图书馆技术变革与人文精神是智慧图书馆产生的内在动力。对智慧图书馆产生的技术背景、人文背景以及社会背景进行分析，可以更好地阐释智慧图书馆的产生原因，明确智慧图书馆的核心要素，为智慧图书馆的实践工作提供更好的理论支持。

一、智慧图书馆产生的技术背景

图书馆的核心任务是保障信息的有效查询与获取，而每次信息技术的进步都导致了信息量的急剧增长，也使图书馆在保障信息的有效查询与获取任务中面临更大的机遇与挑战。科技是推动图书馆前进的重要动力，图书馆每一次的形态变更都伴随着科技的发展，正如计算机的出现促进了传统图书馆向现代图书馆的转变，互联网的发展促进了现代图书馆向数字图书馆的转变，物联网的发展、智慧化设备的普及以及大数据时代的到来都是智慧图书馆产生的重要技术背景。

数据爆炸为读者带来了海量的数据，这对图书馆保障信息的有效查询与获取提出了更高的要求，图书馆需要帮助读者在繁杂的数据中寻找到所需的数据，并且培养读者在数据海洋中寻找利用数据资源的能力。现今社会已经由 IT（Information Technology，信息技术）社会逐渐转向 DT（Data Technology，数据技术）社会，数据中所蕴含的价值被人们逐步重视并尝试利用，图书馆也开始尝试在读者许可的情况下，对读者数据进行分析，寻求其中的规律，向读者提供更加智慧的服务。

不同于互联网的计算机与计算机之间的交流，物联网将用户端延伸并扩展到了任何物品之间，进行信息的交换与通信。物联网的出现为图书馆构筑智慧环境提供了良好机会，除了与馆员的交流，读者还可以通过智能设备与图书馆馆舍、馆藏资源及图书馆设备形成良好互动，读者可以在任何时间、任何地点使用任何设备从智慧图书馆获取所需的服务。

二、智慧图书馆产生的人文背景

一种新事物的产生有其独特的文化背景，智慧图书馆也不例外。在西学东渐的大文化背景与维新变法的有力推动下，中国图书馆事业完成了从古代藏书楼向近代图书馆的转变。随着新文化运动的启蒙，国民教育的普及、国际交流的深入以及现代科学技术的广泛应用，图书馆已经成为社会中重要的公共文化服务机构，为信息的查询与获取提供了坚实的支持与保障。帮助每个读者成为拥有自由思想的人是图书馆一直以来坚持的工作，体现着文明进步对人类个体的关怀。

然而，随着科学技术的高度发达，席卷而来的物质文化也逐渐成为社会的主流文化，日趋物质化的社会文化环境对图书馆的发展产生了深远的影响。尽管图书馆学始于人文主义，但是在近代技术应用中，图书馆越来越偏向于注重技术而忽视人文精神。新技术的应用使图书馆的工作方法以及服务手段发生了根本性的变化，为智慧图书馆的发展提供了技术支撑，而在技术愈发被重视的同时，人文精神却被越来越多的图书馆所忽视。在读者对图书馆馆员的刻板印象调查中，图书馆馆员被认为具有能力，值得亲近，但服务意识淡薄，更多被看作图书馆的管理者而不是读者的服务者，这一调查结果也反映出许多图书馆在新技术的应用上表现得非常积极，但是在读者服务上却不够重视。这些现象也引起了图书馆界对于技术主导的反思，科学技术应是图书馆发展的保障，人文关怀才应是图书馆发展的主导。智慧图书馆的出现克服了现代图书馆侧重于技术而忽视人文精神的弊端。智慧图书馆是人文精神与科学技术的结合，一方面可以利用技术更加高效地体现图书馆的价值和职能；另一方面也可以将数据、信息、知识上升到智慧的高度，为读者提供有力的知识查询与获取的保障，帮助其成为拥有自由思想的人，这是智慧图书馆产生的人文背景。

三、智慧图书馆产生的社会背景

所谓社会背景，指的是图书馆所处的社会环境。现代图书馆的发展伴随着社会需求的变化，与此同时，人们对图书馆的认识也随着社会环境的变化而变化，不同的社会形态下，图书馆的社会职能也不尽相同。而作为社会机构，图书馆的社会职能始终是社会需求最真实的体现。在农业文明时期，图书馆作为知识的保存机构，为人们保存着生活经验所积累而成的知识；在工业文明时期，作为新技术的保存者与传播者，图书馆致力于保障知识的自由以及平等获取；在信息文明时期，信息的马太效应产生了"信息鸿沟"，图书馆在全人类知识一体化的背景下，尽力消除"信息鸿沟"，同时在普遍均等服务的基础上更加注重开展人性化、个性化的服务，让每个人都能更好地实现自我发展。

随着"智慧地球"这一概念的提出，数字化、网络化和智慧化，被公认为未来社会发展的大趋势，促进世界更全面地互联互通也成为人类的愿景，新兴的技术让图书馆能够与社会各机构实现更广泛的知识共享。智慧图书馆融合于智慧校园、智慧城市之内，使读者、图书馆与馆藏资源形成高度的互联与互通，是泛在信息社会对图书馆赋予的责任与要求。

第二章　智慧图书馆及其建设理论透视

第一节　智慧图书馆的功能与特征

一、智慧图书馆的功能

智慧图书馆的功能，与智慧图书馆的定义和特点密不可分。智慧图书馆的功能，主要分为两个方面，一是图书馆的管理功能。智慧图书馆能提供一种全新的智慧化的管理模式，主要包括对人、资产和设施设备的智慧化管理；二是图书馆的服务功能。智慧图书馆的服务模式是智能化、泛在化和个性化的。

(一) 智慧图书馆的管理功能

物联网（Internet of Things），简单地说就是"物与物相连的网络"或叫"物体的互联网"。是基于全球定位系统（如北斗导航系统），运用无线射频识别（RFID）技术、信息交互技术、智能嵌入技术等技术手段，通过激光扫描器等信息设备，按约定协议将任何物品与互联网连接在一起。是在对物品标示、物品信息感知处理中，实现物品与互联网的交互和通信，对物品及在"物物"之间进行智能化识别、定位、跟踪、监控和管理的一种网络管理形式。

智慧图书馆伴随着物联网的产生而逐步发展起来，主要借助物联网技术实现智慧管理。智慧管理分为对文献资源的管理和资产的管理等方面。RFID智能设备在智慧图书馆中的广泛应用，比如自助借还设备，检测通道设备、电子标签读取等设备，减少了人工操作的误差，提高了工作人员的效率，方便了图书馆的管理和读者的借阅。

1. 对人的智慧化管理

对人的智慧管理包括对图书馆工作人员和对读者的管理，通过系统录入个人信息实现一卡通用,通过对卡片数据的信息识别为读者与图书馆之间架设一座信息沟通的桥梁,以提供更好的管理和服务。比如,不管是图书馆的用户还是图书馆的馆员,都需要办理一张卡片,在这个卡片之中,有个人的基本信息。人们也可以选择内置的方式把卡片存储在手机之中。同时,这个卡片具有多种功能,包括用作图书馆书籍借阅卡,充当校园超市购物卡、校园门禁卡等。图书馆可以在入馆处安装能够识别卡片的感应装置,这个装置和图书馆管理系统直接相连。用户将自己的卡片放置在相应的感应位置时,传感器能够自动识别并开门。系统在此时会将该用户的信息录入,同时将数据传导到管理系统之中。管理系统能够自动对人员的进出信息进行统计,同时还能记录他们的入馆时间以及出馆时间。感应器的数量较多,任何人只要进入图书馆就能够通过系统调取其个人信息。这一系统方便了对图书馆人员流动的管理,也能够记录各种详细的信息,管理者在需要时能够随时调取。

2. 对图书馆资产的智慧化管理

对图书馆资产的智慧化管理包括对馆藏图书的管理和对图书馆设备、设施的智慧化管理。

对馆藏图书的智慧管理主要依靠植入芯片技术和无线射频识别技术实现。植入芯片可以节省图书的信息编辑工作,方便清点和查找图书,把乱架、错架的图书顺利归位,减少失误,提高效率。图书馆资源主要分为纸质和非纸质两种资源,作为馆藏的纸质书籍和有关资源,都有RFID电子标签,都有存放相应的位置信息,当我们打开手机端或电脑端进行检索查询书目时,就会显示书籍和有关资源在馆内的具体位置,以及馆藏的借阅情况。图书馆内的电子资源,用户可以在任意时间、任何地方随时查询,实现了馆藏资源的无界化,以及对图书馆资产的智能管理。

图书馆资产多、门类杂,管理难度大。如果将图书馆资产都植入芯片,并在门禁处设置电子识别器,依靠管理系统可以有效防止图书馆资产的流失,图书馆网络视频监控系统也可以防止图书馆固定资产的流失。

智慧图书馆的馆舍中,图书馆的设施设备系统是随时检测并进行处理的。比如智慧图书馆控电系统在智慧的馆舍中,智能的照明系统既能给读者带来舒适的灯光,还能起到节能环保的作用。智能照明系统好像汽车的智能车灯，能够根据光线的强弱，自动调节灯光的亮度以适应人们的眼睛，便于阅读。

(二) 智慧图书馆的智慧服务功能

智慧图书馆的馆藏资源形式发生了变化，服务的模式也发生了变化。

1. 智慧型的借还书服务

传统模式下，书籍的借阅与归还需要人工进行操作，也就是需要到指定的区域进行书籍的借阅与归还。智慧图书馆背景下，自主借阅成为潮流。比如，利用自助借阅系统，用户将芯片对准相应的书籍借阅与归还区域，系统能够对其进行扫描，在系统确认之后就能够完成书籍借阅与归还的工作。在借书或者还书完成之后，用户还可以点击相应的按钮，打印此次服务的凭条，馆藏信息也会随之更新。下一位预约借书的用户就能够获取最新的图书信息。自助借阅与还书机器全天可操作，没有时间上的限制，书籍流通的效率明显提升。借阅变得更为简化，用户获得了便捷，图书馆工作人员的工作量明显减少，图书馆服务的质量不断优化。

2. 智慧型的空间服务

空间服务更多是针对图书馆阅览室而言的，一些设有自习室的图书馆也有相应的服务。在进行图书馆空间管理时，引入智能占座是极为有效的一种管理方式。智能占座系统具体流程为：读者可以把卡片放在系统感应设备相应的区域，屏幕中就会出现不同的选项，一个为"常坐座位"，另一个为"本次选位"。在确定好位置之后，假如有打印的需要，机器会打印出一张座位票，上面明确了用户的基本信息、具体位置、代码、卡号等。在离开图书馆时，需要再次进行刷卡。用户如果暂时离开图书馆，按下系统操作设备的"暂离"按钮之后，这个座位将会保留一定的时长，具体的时长可以进行设定。如今，5G网络的迅速发展，通过手机进行操作就能够实现占位的目的，用户无须出户就能够在线选座。此外，这一系统能够进行规则设定，避免出现一些不符合要求的行为。这样不仅便于图书馆管理，也能够为用户拓展图书馆空间，为他们提供便捷。

智慧图书馆有着较强的互联性、立体性，不仅能够更好地实现物和人、物和物的连接，尤为关键的是，能够提供更为深层次的多元化服务，确保智慧管理能够更好地实现。这样不仅能够为用户提供更多的帮助,也能够确保智慧管理更为高效,这也是智慧图书馆最大的特征。比如,日本某图书馆,利用相应的传感器,能够对馆内的温度进行调节,除能更好地满足用户对于阅读环境的需要之外,也能够更好地节约用电。①

二、智慧图书馆的主要特征

智慧图书馆作为未来图书馆的新模式,将成为图书馆创新发展、转型发展和可持续发展的新理念和新实践。智慧图书馆具有三大特点:①互联的图书馆。具体细分为全面感知的图书馆、立体互联的图书馆、共享协同的图书馆。②便捷的图书馆。具体细分为无线泛在的图书馆、就近一体的图书馆、个性互动的图书馆。③高效的图书馆。具体细分为节能低碳的图书馆、灵敏便捷的图书馆、整合集群的图书馆。

(一)智慧图书馆的互联性

智慧图书馆的技术具有数字化、网络化和智能化的特点。智慧图书馆的互联体现在两个方面——全面感知和立体互联。

首先,智慧图书馆是全面感知的图书馆。智慧图书馆能对馆内的人和物进行全面的感知,也就是说把文献信息和用户、馆员的信息联系起来,实现信息的全覆盖。例如,美国华盛顿州西雅图市的图书馆实现了读者服务的实时数据显示,读者通过大屏幕的实时服务数据分类显示,就能清楚地了解馆内文献资源情况。

其次,智慧图书馆是立体互联的图书馆。立体互联即全面的互联,从大的方面讲,是国家、地区之间的互联;从小的方面讲,是图书馆内各种信息的互联。立体式互联可以使图书馆为用户提供更为优质的服务,解决实际使用的问题和矛盾。

(二)智慧图书馆的便捷性

智慧图书馆通过互联互通的网络,可以实现馆员管理图书馆、用户使

---

① 王华. 智慧图书馆核心技术解构与展望[J]. 科技情报开发与经济,2015,25(19):13—14+17.

用图书馆，给馆员和用户的沟通带来了便捷和高效。

第一，智慧图书馆的无线泛在。2001年韩国首尔提出了泛在城市计划，2004年美国费城市政府第一个提出"无线费城"规划，实现了无处不在的城市网络覆盖。城市网络覆盖为图书馆发展提供了良好的设施和信息环境，互联网技术的发展也为智慧图书馆的发展提供了保障。

第二，智慧图书馆一体化的管理与服务。智慧图书馆服务的理念是以用户为中心并为其提供需要的管理和服务。智慧图书馆的一体化管理与服务体现在图书馆通过智慧化的设施为用户提供文献信息资源和阅读环境。用户可以在电脑端、手机移动端便捷地登录并使用，读者拿着手机就可以享受各种信息资源的服务。移动图书馆在国内公共图书馆和高校图书馆已经被广泛使用。

第三，智慧图书馆的个性化程度。进入21世纪以来，国内外图书馆的服务理念发生了转变，如从被动服务到主动服务，从重视资源建设到服务与建设并重，从程序化服务到个性化、专业化的服务模式。智慧图书馆不仅强调个性化服务，也注重与用户互动，更趋向于提供智慧化、交互性的个性化服务。

(三) 智慧图书馆的高效性

智慧图书馆的高效性不仅体现在管理的高效上，还体现在服务和资源配置的高效上。

第一，智慧图书馆是高效管理和服务的图书馆。智慧图书馆是指管理者通过科学化的管理，运用信息化技术，提高管理服务水平、馆员工作效率、设备运行能力，在时代发展的背景下，做到及时感知和快速反应，提高图书馆管理的灵敏度和服务的即时性。

第二，智慧图书馆是高效服务的图书馆。智慧图书馆的高效服务，一方面体现在图书馆对用户需求提供的管理服务上面，运用现代化的信息手段为用户提供信息资源，必要的时候也会为用户提供深层次、更专业的服务，如资源服务、学科服务等。另一方面体现在图书馆为满足用户个性化的需求而提供集群服务。例如，"同城一卡通"是智慧图书馆形成集群的具体体现，突破了城市区域间的限制，把图书馆整合为资源共享的集群，使图书馆的资源和使用效率实现最优化。

第二节 智慧图书馆建设原则及内容

一、智慧图书馆建设的基本原则

(一) 标准化和规范化原则

智慧图书馆依靠网络进行信息的采集、加工、传播和利用。互联网和人们的生活息息相关，使图书馆的建设也更加便利，不过全国范围内甚至全球范围内的图书馆信息共建共享还具有一定的难度，首先需要解决的问题是建立统一的标准和规范。也可以说，图书馆智慧化建设能否取得成功，很大程度上取决于其统一标准的制定。如通用的数据格式标准规范、符合行业标准规范的设备、统一的网络通信协议、统一的规范和标准，以及可兼容的软硬件设备建设等都将影响数字资源系统和技术平台的建设，对图书馆系统以及其他系统的智慧化建设也有着非常重要的作用。换言之，只有建立统一的标准和规范，才能建设好智慧图书馆，并充分发挥其功能和作用。

(二) 开放性和集成性原则

为读者提供智慧化的个性服务是未来智慧图书馆的一个发展方向，并且能够让读者参与图书馆的管理和服务中来。基于移动互联网处理和创建信息、搜索和传输资源都将更加快捷，读者不再只是信息数据的接受者，还可以是信息数据的创造者和发布者，这样将加速信息的扩散，信息的流动也更加直接和快速。智慧图书馆通过微博分享、微信互动、网上联合知识导航站、电话预约、就近取书等服务，拉近了和读者之间的关系，也加强了和读者之间的互动与沟通，从而更好地为读者提供服务。

智慧图书馆充分发挥了云计算技术和物联网技术的优势，加强了不同文献信息机构和不同类型文献之间的集成，实现了跨部门信息共享和跨媒体融合。对知识信息进行共建共享，传播也突破了时空的限制，集约现实、便捷获取也成为现实，其服务更加综合化，从而促进了知识资源视角向条、面、区域化发展，有效促进了不同区域之间图书馆和用户的沟通和互动，其管理和服务也更加智慧化。

(三) 共建性和共享性原则

开展全国范围智慧化图书馆体系的建设，一个图书馆的力量是有限的，短时间内很难完成智慧资源建设。在图书馆的信息共享方面，通过共享人力、物力，可短时间内丰富馆藏资源，最大化地满足用户需求。由此可知，作为个体的图书馆，若想尽快实现泛在化、智慧化建设，必然需要与其他图书馆合作，通过共建共享，在贡献自己力量的同时获得更多其他图书馆的馆藏资源。

为实现信息资源共建共享，图书馆个体之间可以结成联盟，如国际上的 OCLC（Online Computer Library Center，联机计算机图书馆中心），以及国内的 CALIS（China Academic Library & Information System，中国高等教育文献保障系统）等，一方面，一定区域内的图书馆形成统一体，以联盟的形式采购图书、数据库等，从书商、服务商处获得较低的采购价格，不仅节省资源，也可扩大资源利用率；另一方面，各个图书馆之间可以共享技术、平台资源等，避免在数字化建设过程中重复开发资源，节约成本，还能有更多的资源用于读者服务，促进图书馆的智慧化建设。

(四) 智慧性和泛在性原则

图书馆的智慧性、泛在性主要体现在以下几个方面：

一是服务时间和服务空间。随着网络技术的发展，出现了更加智能的自动化服务系统，网络所覆盖的地区都能体验到图书馆服务，且为连续 7×24h 的服务。图书馆用户通过终端设备，可以不受时间、地点限制享受数字资源、服务。

二是服务对象和服务模式。随着移动通信技术的发展，图书馆的服务模式发生重大改变，能够为所有连入网络的用户主动推送资源、服务，不再仅限于到馆用户，每个人都能公平获取所需资源和服务，大幅度扩大了图书馆服务对象的范围。

三是服务内容及服务手段。泛在环境下，图书馆之间资源的共建共享，使图书馆用户可获得的资源服务不再仅限于本馆的馆藏，而是整合不同平台的资源，如共享资源中心、互联网和开放知识库等。同时，对信息加以归纳整理、去伪存真，然后供用户使用，如通过网站、WAP 平台拓展数字化资源的利用范围等。

由此可知，时代背景和技术环境的变化，要求图书馆的建设发展务必要遵循智慧化、泛在化的原则，才能真正体现图书馆的社会价值。

二、智慧图书馆建设的主要内容

智慧图书馆的建设应该基于目前的智能技术和设备，充分利用大数据、物联网以及云计算等技术的优势，并结合图书馆的服务内容收集、存储、组织和分析信息数据。具体可以从以下几个方面展开。

(一) 图书智能分拣、盘点系统

RFID 标签在图书馆领域中得到使用，从本质上改变了图书馆工作流程，充分发挥 RFID 设备的作用，能够大大提高图书馆管理质量和效率。具体实施步骤为：首先收集图书资源，然后将其划分为不同的图书资源类型，把盘点结果输入管理系统中，最后根据用户需求提供图书借阅服务。除此之外，图书资源都有对应的唯一 RFID 标签，这样能够大大减轻清点工作的任务量，优化图书资源清点环节，实现图书自动清点；并且还能够根据清点结果及时更新数据信息，提供图书定位功能服务。当前，国内已经生产出一些 RFID 设备，功能多样，这些设备有很好的应用前景，已经在全国多家图书馆中使用。[①]

(二) 馆内自助系统

1. 自助借还一体机

自助借还一体机是射频识别技术应用的成果，读者可以通过使用自助借还一体机，根据自身的需求来借阅图书或者归还图书，整个操作都可以利用自助设备完成，非常快速、便捷。只要用户办理了图书馆智能卡，就可以在借阅或归还图书的时候，将智能卡放在自助借还设备感应区域内，设备自动扫描识别用户个人信息以及书籍信息。用户只需要选择确认借阅或者归还书籍即可，能够在短时间内完成整个操作过程。此外，用户可以持智能卡通

---

① 娄志俊.RFID 图书管理系统研发及应用分析 [J]. 中外企业家，2019(17)：144.

过自助设备同时借阅多本书籍。自助设备 24 小时处于运行状态，方便用户操作。馆内工作人员的工作任务也得到分流，工作效率得到显著提高。[①]

2. 座位预约系统

座位预约系统是 RFID 技术创新设计的成果，借助该系统能够与设备关联起来，把传感器安装到馆内座椅中，就能够通过系统呈现图书馆馆内空间和座位的使用情况，帮助读者更快地找到空位，减少寻找座位的时间。在信息汇总分析的过程中，不仅可以通过图像形式进行呈现，也可以通过移动客户端进行座位预约，提供更加人性化的服务，也是智慧图书馆的重要表现。[②]如果存在恶意预约的情况，系统会自动获取相关用户的个人信息，限制预约次数和行为，避免恶意行为的发生。

3. 图书馆多媒体终端机

图书馆多媒体终端机的使用，可以满足读者的差异化需求，自助操作大大提高了效率，节省了时间。可以通过图书馆导航精准查找目标图书，也可以用来宣传图书馆，通过滚屏的方式，让读者对图书馆的整体布局情况有一个更加全面的了解。

4. 自助打复印一体机

自助打复印一体机的使用，可以满足不同用户的使用需求，可以打印资料，也可以复印资料，也可以在联网状态下，把图书资源下载到个人邮箱中，满足异地打印的要求。

5. 触摸屏阅报机

图书馆中配置有触摸屏阅报机，能够满足用户对报纸、期刊等图书资源的阅读需求。还为用户提供导航服务，通过导航能够让用户快速找到馆内目的地，全景地图，能够让读者对图书馆整体布局情况进行了解。[③]

---

① 李秀娥.高校图书馆自助借还服务模式研究——以郑州大学图书馆为研究对象[J].河南科技，2014(13)：279—281.
② 秦红.RFID 技术在图书馆应用的分析探讨[J].现代情报，2009，29(06)：130—132.
③ 李秀娥.高校图书馆自助借还服务模式研究——以郑州大学图书馆为研究对象[J].河南科技，2014(13)：279—281.

(三) 智能管理和安全系统

1. 综合能耗管理系统

在智慧城市建设背景下，明确智慧图书馆的建设方向和目标，构建智慧图书馆体系，需要确保建筑主体秉持环保、节能理念，构建综合能耗管理系统，严格控制能源消耗总量，对图书馆内部环境进行有效控制，保障图书馆馆内环境的安全。综合能耗管理系统的使用原理是通过安装传感器，监控馆内设备运行状态，对馆内环境进行实时监测，识别存在的安全隐患，以便及时采取措施，消除安全隐患，为读者提供更好的阅读环境，降低能源消耗，同时选择环保建设材料，在充分保障图书馆安全的基础上，更好地实现节能环保，践行可持续发展理念。[1]

2. 图书安全防盗系统

图书安全防盗系统使用的是双重防盗系统，一个是RFID系统，还有一个是磁条系统，使用双系统可以大大提高图书安全防盗效率。想要成功借阅图书，需要满足一定的条件，在实际联网的状态下，需要对图书进行监测，如果图书不包含标准化的字段标签，或者没有消磁，系统就能够精准识别到，并引发警报；如果在未联网的状态下，系统也支持离线报警。随着信息技术水平的提高，安全防盗技术水平不断提高，EM-2005电磁波防盗系统是国产设备中安全防盗效果较好的设备，在图书馆或者书店中有很好的应用前景，其优点有：灵活性好，不存在监测视觉盲区，能源消耗不高，使用时间长，能够联机使用，抗干扰性强，安全水平高。

3. 智能门禁系统

智能门禁系统有不同的构成部件，包括门禁控制器、读卡器、管理软件、开关控制器等。智能门禁系统能够联网运行，能够实现报警系统的集成管理。如果图书馆内发生火灾，门禁系统在识别后，就会触发火警报警，并自动打开逃生出口、消防通道等，让馆内人员可以及时逃生，保障生命健康，减少财产损失。

---

[1] 汤更生，李红岩. 节能型图书馆建设初探——以郑州市图书馆为例[J]. 图书馆学刊，2013，35(09)：15—19.

(四)移动服务建设

随着互联网应用范围的不断扩大,信息技术水平不断提高,移动服务在很多领域中得到应用,大大提高了自动化管理水平。移动服务方式也呈现不断波动变化的趋势,向更高层次发展,服务载体从一般手机向智能手机、平板电脑等载体演变。对于用户而言,便捷性大大提高,消除了时间和地点上的约束和限制,可以更好地享受数字化服务,获取良好的服务体验。移动服务的出现,在一定程度上推动了图书馆的发展进程。

智慧图书馆的一个特征是能够实现互联互通,与不同设备对接使用,例如手机、平板电脑、阅读器等。移动设备使用灵活性更高,在信息获取和传播上具有优势,双向传播的特征更为显著。在移动通信技术不断发展进步的背景下,智慧图书馆的功能越来越强大,能够在多功能平台构建的基础上,为用户提供更加便捷的服务,获取目标图书资源。除此之外,还能够根据用户的实际需求,为其提供个性化定制服务。读者可以借助移动设备灵活地进行借阅和归还图书的相关操作,还可以预约座位,实现与数字电视的高效交互,大大简化了用户图书信息查阅流程,效率得到大幅度的提升。[①]

(五)智慧空间重构

在互联网快速发展的背景下,传统的图书馆空间结构已经无法满足用户的需求。开放获取方式的优势逐渐显现,信息共享已经成为一种重要趋势。互联网平台的构建大大提高了信息的共享效率,为图书馆转型发展创造了条件,信息共享空间被进一步扩大,为智慧图书馆建设提供了良好的机遇。1992年信息共享空间(Information Commons, IC)理念出现以来,在全球范围内得到推广和传播,图书馆空间再造已经成为一种重要趋势。空间的构建是为信息共享服务的,信息共享空间的形式呈现多样化的趋势发展。

信息共享空间是服务模式在新时期创新后形成的结果,能够为图书馆用户的沟通交流创造良好的条件,形成一个相互合作的空间,通过相互学习、协作达成目标。研究学者唐纳德·比格对信息共享空间的内涵进行了阐

---

① 李臻,姜海峰.图书馆移动服务变迁与走向泛在服务解决方案[J].图书情报工作,2013,57(04):32—38.

述，首先，信息共享空间是一种在线环境，这种环境很独特，用户在获取数字资源的过程中，借助网络搜索引擎，能够充分发挥用户界面的作用，提供更好的数字服务；其次，信息共享空间也可以被认定为是一种特殊的物理设施空间，并没有唯一固定的形式，可以是某一层楼，也可以是某个场所；最后，在数字社会快速发展的背景下，对图书馆提出了更高的要求，需要为用户提供更多的服务。

(六) 泛在智慧服务建设

在智慧图书馆建设的过程中，还需要落实泛在智慧服务建设，以及文献服务、信息服务、智慧服务等，不同服务侧重的服务内容存在明显的差异。而图书馆智慧服务是重中之重，智慧服务能够为智慧创造活动的开展提供动力，为用户资源获取提供便利，并根据用户喜好偏差提供个性化定制服务，让用户获取更好的服务体验感受。如在图书资源检索的过程中，图书馆除了要为用户提供检索信息，还需要根据获得的数据结果，为用户使用数字信息资源提供指导。导出方式呈现多样化的趋势。

泛在智慧服务建设的背景下，图书馆服务模式开始发生变化，传统服务模式已经无法满足需求，需要积极探索新的服务模式。智慧图书馆建设需要考虑用户的个性化需求，这是关键的构成部分，要做到人本管理，确保提供的服务能够满足不同用户的差异化需求。智慧化图书馆建设发展过程中，需要积极转变思想，在原始数据获取的基础上，借助先进信息技术，进一步加工数据，挖掘其中存在的隐藏信息，实现泛在服务的集成化管理。[1]

情景感知服务在移动环境中得到使用，智能终端是重要的服务提供介质，借助移动传感设备完成原始情景信息的提取。读者进入系统中，能够精准获取信息所处位置，并且在动态信息获取的基础上对信息划分不同的类型，达到更好的信息筛选目的。

定制服务也就是RSS服务，主要以信息聚合技术为核心，提供个性化服务。RSS服务可以对数据信息进行筛选和提取，根据用户的实际需求推送契合度更高的信息。定制服务包含不同的服务功能，比如，为用户推荐新

---

[1] 刘彦丽. 泛在信息环境下的智慧图书馆服务——以北京大学图书馆为例[J]. 图书馆学刊，2014，36(07)：67—69.

书、推荐电子期刊、推送定制信息等。

因为不同用户的信息需求存在差异,在提供推送服务的时候,应该考虑用户的真实需求,在获取用户信息偏好的基础上,充分利用数据分析技术,自动化完成信息推送管理。历史访问记录是判断分析用户信息需求的重要依据,辅助分析模型,可以有效实现对用户推送信息的动态化管理。

预约服务不仅是静态资源的预约,也包含动态资源的预约,如借阅图书信息的预约、移动设施的预约等。

(七) 智慧机器人

智慧机器人在智慧图书馆建设过程中起到重要作用。机器人提供的服务存在差异,与机器人系统功能的不同有关。下面介绍几种不同类型的机器人服务模式[①]:

第一,自助图书馆智能化水平不高。自助图书馆最早在国外出现,主要是为读者提供借还服务,但面对面为读者提供服务的数量并不多。近些年,自助图书馆开始在我国出现,主要是提供简单便捷的服务。

第二,机器人和立体仓库融合发展,在服务模式上有了新的变化,并且基于两者形成的综合应用系统开始在大规模图书馆中得到应用,服务自动化水平显著提高,能够为用户提供自动存取服务,但是建立自动存取中心需要消耗大量的成本,无法实现大范围推广。

第三,图书搬运机器人系统(AGV)在国外一些国家的图书馆得到推广和应用。德国以及日本等国家的图书馆,充分挖掘 AGV 系统的优势,提高图书资料分拣效率,这种系统使用成本不高,并且在效率提高上起到的作用更加突出,但系统功能上比较受限,仅仅是做一些重复性且不复杂的事情,例如图书搬运。

第四,全自主智能图书存取机器人系统的功能进一步增加。不仅能够完成简单的操作,而且还能够处理一些复杂事项,自动化管理水平得到一定程度的提高。这个系统的应用尚处于探究阶段,未形成成熟的应用经验。

第五,智能参考咨询机器人能够为用户提供定制服务。主要借助定制

---

① 方建军,张晔. 图书馆图书自动存取机器人的研究与应用 [J]. 图书馆建设,2012(07):79—83.

软件来实现此功能，在实际应用中存在的优势体现在：不需要支付高额的使用成本，交流方便，直接面向广大的用户群体，有很好的应用前景。

第三节 智慧图书馆建设的关键技术

一、物联网与智慧图书馆建设

物联网给智慧图书馆的建设和运营带来了新的发展方向和形式。在采用物联网技术和设备的基础上，图书馆为读者带来了更加高效、便捷、优质的服务。智慧图书馆的服务理念始终坚持用户为本的原则，围绕用户进行信息捕捉和感知所有方位，推动了管理方式的智能化，对服务模式的不断创新，有利于提升图书馆的服务水平。智慧图书馆提供的服务和开展的各项业务都依靠物联网作为重要的技术支撑，下面就物联网和智慧图书馆之间的关系进行深入的分析。

（一）物联网的内涵阐释

20世纪末期，物联网的概念诞生了。物联网是在既定协议的基础上，利用信息识别系统或技术，如传感器、激光扫描仪和GPS系统以及射频识别，以互联网搭建桥梁，与想要连接的物品相连，让物和物之间建立起信息交流的关系。可见，在物联网的作用下，可以跟踪、识别、监管和定位物品，让有效连接存在于物与物之间。当前，由于我国多个领域和行业广泛使用物联网，物联网应用于不同的领域中形成的定义、产生的作用也有差别。总体来说，物联网技术充分利用定位技术和智能传感器以及识别技术，与对象建立起连接和交互以及监视的关系，帮助人们迅速采集到所需的信息，其最终目的在于在人与物、物与物、物与网之间建立起连接关系，以监管、感知、识别的智能化作为最终目的。

从物联网的定义和概念中可以发现，人与物和物与物之间产生的相互作用是物联网技术的核心和重点内容，其表现出来的基本特点主要有智能处理、整体感知和可靠传输等。人们利用物联网的工作流程是，首先通过各种类型的感知设备对所需物体的信息进行获取，再利用互联网连接起物联网，利用网络的作用共享、交换物和物之间的信息。信息处理、信息时效、信息获取、信息传送是物联网对信息进行处理的主要功能。第一，物联网对物品的各类信息进行识别，再将这些信息的状态通过某种方式表达出来；第二，接收和发送以及运输物品对象状态的信息，从时间和空间上进行转移或变化；第三，转化和处理已经传送的信息，从而将所有已经获取的信息向全新的信息转变。

(二) 基于物联网技术的智慧图书馆建设内容

1. 电子读书证

一般来说，为了便于图书馆的管理员对用户进行管理，用户进入图书馆之后需要以读者证作为凭借，而智慧图书馆则以电子读书证作为依托，有利于提高管理读者和图书馆的效率。读者教育信息、消费信息和个人身份信息以及借阅图书的记录等包含在读者的电子读书证中，图书馆通过终端读卡设备可以对读者借还图书记录、次数和进出图书馆的时间进行监测，并将这些信息收集起来为每位读者建立专属的信息数据库，从而有利于图书馆的工作人员管理读者信息，对读者的行为进行分析。一名新读者在智慧图书馆发生进馆行为，首先要在服务台登记自己的信息，图书馆馆员会根据读者的真实身份信息将一个全新的读者证号码提供给新读者，用户可以利用微信或邮件以及短信完成信息验证的工作。其实，电子读书证是一张图片，可以在读者的手机或其他移动设备中进行存储，帮助读者免去制卡的程序和成本。互联网是智慧图书馆注册的平台，读者进入图书馆网络将自己的注册信息填写清楚，与以往烦琐的流程相比更加方便简单。读者完成了注册工作之后，图书馆员在线上对其信息进行审核，将读者的基本信息以图像的方式绘上加以确认，再向读者的终端设备发送。读者在智慧图书馆进出，要以电子读书证作为凭证，不仅有利于图书馆管理效率的提升，还能帮助读者在信息认证环节节省时间和简化程序。

2. 自助借还系统

智慧图书馆包含多个管理系统，其中最常见的系统之一是自助借还系统，软件工程技术、射频识别技术和网络传输技术是该系统运用的核心技术，这些技术在物联网技术的作用下进行融合并在自助借还系统中加以应用。在智慧图书馆借还系统中最常见和最重要的技术是无线射频识别和条形码识别，两者相比，无线射频识别的成本虽然高，但是具有较高的管理效率；条形码识别虽然成本较低，具有较强的抗干扰能力，但是需要人工操作才能完成。因此，将两种识别技术结合使用，可以发挥其各自的优势。就射频识别来说，它是一种智能电子标签，在这个标签上可以将产品的信息录入，在非接触式设备的作用下采集信息，提高管理物品的效率。大型图书馆往往珍藏有几十万乃至几百万册书籍，对图书馆来说，对这些图书进行管理，工作量巨大。所以，图书馆会以图书编码作为依据归纳图书的类别，然后再把读书放置到相应的书架上。在图书管理和借阅环节广泛使用射频识别，便可以将操作流程进一步简化。读者如果到图书馆借还书籍，利用系统，读者只需在机器上平放图书，根据机器的提示便可以自助完成借还书籍。如此一来，读者借还书籍的程序被大大简化，既为他们提供了更加人性化和便利的高效服务，也降低了图书馆员的工作量，并进一步降低了服务成本，让图书馆员的工作不再局限于整理藏书，更多的是向读者提供咨询辅导服务，从而进一步提升图书馆的服务能力和水平。在图书馆中启用自助借还系统和射频识别智能图书管理系统，改变了以往的服务方式，为图书馆带来了新的变革，使其成功向智慧图书馆转变。

3. 智能书架系统

智能书架系统也是智慧图书馆中常用的系统之一，该系统的应用有利于大大提升读者查阅图书的效率，帮助图书馆馆员减少工作量和减轻工作压力。射频识别技术也是该系统的核心技术。运用射频识别技术，可以在智慧图书馆中建立射频库存系统，图书馆利用该系统能够准确地找到图书的位置，解决图书摆放杂乱的问题；还可以对多本图书进行扫描，进一步提升整理图书的效率。射频码粘贴在每一本藏书和每一个书架上，通过终端读写设备进行读写，能够发现图书的具体信息和位置，从而找到图书所在的书架。在智能书架系统的作用下，读者能准确定位到所需书籍的位置，提高了图书寻找的效率。

读者服务、采集信息、数据服务是智能书架系统的三个主要模块，其中读者服务模块的主要内容是借书和还书。有两个电子屏幕安装在智能书架的两面，一块触摸屏是为了便于借书者查询，另一块感应屏的功能是为还书者指路。在具有查询功能的触摸屏上，读者在屏幕中输入所需书籍的作者、名字等信息，屏幕上就会显示出该书准确的3D路线导向图，引导读者根据路线迅速找到所需要的书籍。智慧图书馆中珍藏的所有图书背面全部拥有电子标签，这是为了与智能书架配合使用，该电子标签包含了图书所在的列数和排数等位置信息，读者通过电子标签，也可以将书籍放回原先的位置。为了解决图书馆中书架较多带来的查阅问题，图书馆可以将射频读写设备安装在书库里，只要读者将图书背面的电子标签放在读写机器上进行读写，放置了该本书籍智能书架的侧面感应屏就会闪动，将图书的书名显示出来，让读者迅速找到书籍应该放在什么位置。

4.用户行为分析

智慧型图书馆以大数据技术和互联网技术作为支撑，不仅能为读者提供更高效的服务，还能通过这些技术对读者的行为数据进行深入分析，如读者借阅书目的信息、下载资源的信息和读者的检索信息，对读者的阅读需求进行了解，从而让图书馆管理人员根据读者的需求分配图书资源，为读者提供个性化的服务。在智慧图书管理系统的作用下，对读者的下载信息、访问信息和借阅信息以及离馆信息进行记录、采集，便于对读者的借阅习惯进行分析。智慧图书馆应该充分发挥物联网技术和大数据技术的作用，摸透读者潜在的行为信息和阅读需求，为他们的个性化阅读需求带来更高质量的服务。

信息化技术的进步推动了大数据的发展，使人们掌握了海量的数据，这些数据的价值也在不断提升，受到越来越多的重视。现在，每一位用户的浏览痕迹和阅读信息都会在数据空间中留下痕迹，能够用来对潜在需求和研究方向进行分析。将这些电子资源访问数据进行收集和整理，建立数据档案，具有很大的使用价值，有利于智慧图书馆的建设。

在智慧图书馆的构建中，物联网技术发挥了积极的推动作用，图书馆应该充分发挥物联网技术的资源和优势，不断建立和完善智能书架系统和智能借还系统，以读者的行为数据和需求数据作为依托或基础，为不同的用户提供与他们的需求保持一致的精准化和个性化服务，促进图书馆服务效能和管理效能的提升。可以说，现代化图书馆未来的发展方向便是智慧图书馆。

二、大数据与智慧图书馆建设

2012年以来,全球已经踏入"大数据"(Big Data)时代,社会在逐步向大数据时代迈进。关于大数据,至今仍没有大家都能接受的统一定义。因为,数据量大和大数据并不能相提并论。如果不能被利用,即使是再大量的数据也不能称为大数据,真正意义上的大数据更不能以单一领域内大量的数据集合进行表示。这里引用百度百科的解释:大数据或称巨量资料,指的是所涉及的资料量规模巨大到无法通过目前主流软件工具,在合理时间内达到撷取、管理、处理、并整理成为帮助企业经营决策更积极目的的资讯。《华尔街日报》将大数据时代、智能化生产和无线网络革命称为引领未来繁荣的三大技术变革。[①]

大数据时代下智慧图书馆建设的实现路径如下。

(一)深化智慧图书馆理论研究

智慧图书馆的建设不仅得益于信息技术革命,还得益于城市社会的快速发展。但我国的这两个优势在时间和空间上仍与其他国家之间存在差异,因此,在大数据时代下构建智慧图书馆需要有理论作为基础,同时还要发展技术、变革理念和创新管理方式。我国在建设智慧图书馆的过程中不能全部采用国外的理论,而应从自身的实际情况出发,由国家社会科学基金联合各大高校图工委,成立专项资金用于研究大数据技术和智慧图书馆,让专家学者进一步研究智慧图书馆的概念和内涵,为大数据时代下智慧图书馆的建设提供方向,建立健全智慧图书馆基础理论体系,并使其拥有中国特色,促使智慧图书馆不断进步与发展。

(二)加快支撑平台建设,推进大数据在图书馆的应用

要加强图书馆信息基础建设,扩大信息化应用范围,充分利用无线网、有线网以及北斗卫星导航网,升级当前的图书馆网络,从技术方面加大对信息化基础建设的支持。同时借助关键技术,如云计算与物联网以及传感器等图书馆的实体设备与传感器相结合,构建物联网应用平台和移动互联平台,

---

① 邱庆东. 大数据时代智慧图书馆建设探析 [J]. 四川图书馆学报,2015(06):12—15.

提高数据收集速度，强化信息感知能力，让图书馆获得更好的感知水平。

除了要加速支撑平台的建设，还要扩大大数据的应用范围，将大数据技术应用在智慧图书馆的建设中，加快推进图书馆的智慧化，落实图书馆网上办事业务。要从用户的需求出发建立智能决策平台，借助数据挖掘软件分析不同用户的真实需求，不仅要让图书馆能够提供个性化的服务，还要保障其决策的智能化。要全力发掘图书馆数据，加快智慧图书馆的建设速度。

(三) 健全法规制度，建立安全机制

相比于互联网时代，物联网与云计算时代所面临的法律法规问题明显更复杂。我国在互联网时代就存在着不少信息网络安全问题，直到今天这些问题也没有相应的法律可以解决。为了在大数据时代下保证智慧图书馆建设的安全性，首先，要构建完善的国家信息网络安全审查评估机制，定期评估国家信息网络安全情况；其次，不仅要将安全防范系统构建在图书馆内，还要建立网络入侵监测系统，从技术方面保障信息网络的安全运行。在政府采购的过程中，要对以外资企业为重点的各个投标企业划分可信赖等级；此外，还要完善采购备案制度，完成对技术产品的资质认定，建立有效的应急反应机制，避免我国图书馆受到来自外国网络间谍机构的威胁。

三、5G 技术与智慧图书馆建设

5G 技术带来的普遍联结，从速率、范围和成本各方面来看，能够促进万物互联的发展，特别是能够联结起传感网、物联网和知识网，最终刺激各类智慧应用的开发和普及。图书馆既是其中知识网的一部分，又能够利用物联网和智能图书馆所获得的数据进行分析决策，提供感知、定位、识别、导航、推送等各类个性化智慧服务。在 4G 时代并非没有这些技术，但碍于传输速率、接入能力、时延过长和可靠性等缺陷，不可能形成规模化发展。

5G 在智慧图书馆中的主要应用领域如下。

(一) 无感借阅与导览导航

用户在进入图书馆时进行的多重身份验证不仅会使用 5G 高速网络，还会使用人脸识别技术等，在接入网络的瞬间还会连接图书馆的门禁闸机系

统、智能座位系统、智能书架系统以及各种行为探测器，可以让读者没有任何障碍地完成取书、阅览和归还等活动。而系统会通过后台完成各种手续，用户可以在终端上获取各种信息。

用户在图书馆中的导览导航既可以通过终端 App 实现，也可以通过图书馆的设备实现，导览系统还可以提供 AR 服务，这是利用 5G 超高移动带宽和定位技术实现的。这种导览服务既可以是视频和语音的方式，也可以由虚拟形象提供，馆内的每个区域都有对应的介绍，用户既可以选择功能区域，也可以使用导航。

(二) 精准推送

智慧图书馆的精准推送服务可以为读者推送相关的内容和服务，它借助的是大数据技术，可以对读者的阅读偏好和行为进行分析，还可以创新阅读服务，如开展游戏化和多媒体阅读。技术的不断进步与发展让阅读体验更加多元化，这也意味着用户终端需要更高的性能。不过系统可以通过 5G 技术在云端服务器运行，随后向用户传递运行之后的音频和画面，让用户用较低的成本就可以享受较好的服务。

(三) 智慧书房与云课堂

图书馆公共文化服务提供了主题空间服务，其服务内容是将个性化空间提供给有需要的人，根据他们的需求提供信息资源和设备以及相应的管家服务。空间中的设备与用户终端可以借助 5G 和物联网技术进行联网，方便用户选择和使用各种资源，让用户享受到"市民大书房"。

图书馆可以通过 VR 的方式在实体和虚拟空间开展会议、培训以及讲座等各种活动，用 AR 方式展现资料课件。整个授课过程可以通过 AI 教室进行观看，高质量的 VR/AR 业务同时要求高技术和高水平的带宽和时延，而 5G 超宽带拥有的高速传输能力既能够增强 VR/AR 的互动体验，也能够提升其渲染能力，从而让用户拥有更好的服务体验。

(四) 超清全景互动直播

5G 网络的一个重要功能就是能够提供超高清视频，这是得到业界公认的，被大范围应用在智慧图书馆中。5G网络自身优秀的承载能力能够保证视频的传输，图书馆可以利用多点定位摄像头实现全景的活动直播与互动，或利用该技术让读者借助VR装置远程观看图书馆的各个主题空间，这不仅能够让读者获得沉浸式的体验，还可以让他们实现虚拟互动。

(五) 机器人服务

AI技术的进步与发展诞生了大量的虚拟或实体智能机器人，它们都可以服务于智慧图书馆。在5G技术中，其高频可以帮助图书馆实现精准定位，多天线技术则能够实现高宽带通信，机器人之间可以通过毫秒级低时延技术完成互动，所有的控制都会非常精确和高效，进而提升服务水平。图书馆的机器人可以提供自动参考咨询服务，其中盘点机器人具备自动采集和预测信息、物流、智能仓储以及盘点等不同的功能，同时会将数据上传中央库。盘点机器人既可以对业务进行差异化处理，又具备灵活的移动性，这些都得益于稳定且高速的5G网络。

第四节 智慧图书馆建设的一般路径

一、注重数字图书馆的基础支撑作用

20世纪90年代以来，我国数字图书馆事业得到创新发展，先后实施了国家数字图书馆工程、数字图书馆推广工程等，促进了文献资源的数字化，改变了图书馆资源组织与运用的方式与形态，有效提升了馆藏资源使用率。经过多年的建设，我国已经形成以国家数字图书馆为龙头的数字图书馆体系。显然，前期几十年的数字图书馆建设，为智慧图书馆建设奠定了坚实的数字化基础，而智慧图书馆发展也为数字图书馆转型升级提供了新方向。智能技术与新型服务平台的运用，带来了大量数据的获取与分析、资源的描述与使用的新机会，有助于数字图书馆充分发挥作用并取得良好的效益。

需要明确的是，数字图书馆建设是智慧图书馆建设的基础，两者将在很长时间内共存，即使智慧图书馆发展到高级阶段，数字图书馆也不会消亡。以数字图书馆建设为基础，对既有的系统、设备、资源、服务提档升

级,建设新一代的智慧图书馆,是图书馆发展的必由之路。智慧图书馆建设既不能抛弃或者停止数字图书馆的建设,如过去遗留的诸如数据孤岛、标准不统一等问题,仍需在智慧图书馆建设中继续探索解决,也不能将智慧图书馆建设成为数字图书馆的翻版,而要将数字图书馆纳入智慧图书馆体系,进一步整合海量数字资源,实现跨领域、跨语言资源描述,提供一站式便捷查询、发现与使用资源功能。

二、以智能技术赋能图书馆事业发展

智能技术是智慧图书馆的核心要素,是实现智慧服务与智慧管理的首要基础,也是当前赋能图书馆的关键所在。柯平等归纳了图书馆高质量发展的四种赋能类型,其中便提出了以数字化技术实现数字赋能,以人工智能技术实现智慧赋能,以达成图书馆信息资源的大数据化和智慧体验。一个图书馆能否高效、快速地实现技术赋能,是提升其行业竞争力的关键所在。如何将层出不穷、推陈出新的大数据、云计算、物联网和人工智能等各类新技术应用在智慧图书馆建设中,以达成智慧服务与智慧管理的目标,是目前学界与业界都在致力解决的重点难点问题。如目前已有一部分图书馆探索利用智能书架、智能书库、机器人服务、智能安防、无感借阅等实现基本业务智慧化,同时还加强超级影视、智慧场馆、云课堂等智慧体验型服务,为精准管理和精细服务赋能。

在智能技术赋能图书馆的同时,需要进一步辨析智慧图书馆与智慧技术间的目的与手段的辩证关系。新技术只是达成目标的工具与手段,图书馆的优劣也不在于使用了多少技术。人是智慧的来源与主导,技术要真正服务于用户需要。若忽视用户需求和图书馆运营能力而盲目建设,可能会带来资金困境与运营难题。未来,各级图书馆在智能技术引进的过程中,需要提高技术运用的敏感性,明确相关技术的选采标准,优先考虑是否有利于人的智慧发展,依据实际业务需求选取合适的技术,并关注新旧技术的协同与适配。

三、深入开展新型智慧馆员培养工作

智慧馆员是智慧图书馆建设成功的关键特质,馆员的智慧工匠精神对智慧图书馆建设至关重要。然而，目前我国智慧图书馆建设过程中更多关注图书馆的物质技术，对智慧馆员的职业需求不明，存在忽视培育馆员知识技能的问题。与此同时，图书馆员虽身处智慧图书馆大数据的信息洪流之中，却没有充分感知行业智慧转型带来的新需求与危机，图书馆馆员的个人智慧转型意识不足。技术智慧只是智慧图书馆的基础项，技术无法解决所有问题，再好的技术也需要人来操作，馆员智慧才是支撑智慧图书馆前进的核心动力。在构建新一代智慧图书馆服务平台的过程中，需要图书馆馆员发挥主题专家作用，就平台的研发贡献专业知识并传递实施经验，开展行业交流。智慧图书馆建设对图书馆馆员的业务知识与技术知识的集成提出了新的要求。

　　我国智慧图书馆建设亟须培养一批新型智慧馆员。一方面，迫切需要从顶层设计出发，构建智慧馆员选拔、培养、激励和发展机制。各级图书馆学会应当充分发挥组织协调作用，实施全国性和地区性的智慧图书馆员培养计划，培养与智慧图书馆建设相适应的新型人才队伍。智慧馆员队伍培养也有助于提升我国图书馆行业对智慧馆员需求的认知，激发图书馆员智慧转型的自发性，促进馆员群体的终身学习与知识更新行动。另一方面，各级各类图书馆内部需要从新员工引进与老员工培训两方面着手构建自己的智慧馆员人才体系，提升图书馆行业的技术研发与运用实力，避免长期依赖于外部技术企业的介入。同时，理论界也应更多关注智慧馆员发展的相关课题研究，就智慧馆员培养的心理特质、知识结构与能力维度、发展机制以及技术培养与人文平衡等内容展开理论研究，以切实指导行业的智慧馆员培训实践。

　　当前，我国智慧图书馆的实践与理论热度持续攀升，体现了我国对图书馆事业转型升级的持续追求与努力。然而，由于社会、经济与文化各方面的差异，不同地区、不同层级的图书馆发展不可能囿于同一建设方案，其具体目标也应因地制宜。未来还需要针对如何基于地域、文化、馆级等差异建设中国特色的智慧图书馆体系的问题，进一步从理论和实践层面进行深入研究，这也是每一位图书馆研究者与从业者应当关心的时代议题。

第三章　智慧图书馆文献资源及类别

第一节　文献与文献资源概述

一、文献

(一) 文献的概念界定

为了更好地理解"文献"的概念，我们有必要先了解一下"图书"的概念。在古汉语中（大约在汉代之前），"图"和"书"往往当作不同的词来分别使用。"图"一般指图画或绘图制品（如地图），"书"一般指书写（动词）或书写出来的东西。

汉语"文献"一词最早出现在《论语·八佾》："夏礼吾能言之，杞不足征也；殷礼吾能言之，宋不足征也；文献不足故也。足，则吾能征之矣。"宋代朱熹在《四书章句集注》中对"文献"解释为："文，典籍也；献，贤也。"此后，文献泛指具有一定历史价值的图书或资料，亦即记载特定历史事件或人物而形成的图书或资料。再后来（现代），文献泛指具有某种学术价值的专著、论文、资料等知识载体。可见，文献概念的外延不断扩大，以至我国1983年制定的《文献著录总则》(GB 3792.1—83) 把文献概念界定为"记录有知识的一切载体"。这种界定，已被业界人们广泛认可和接受。不过，本书认为，把"记录有知识的一切载体"都纳入文献的范畴，显然过于宽泛，因为这种界定把人脑——世界上最天然、精致、最复杂的知识记忆（载体）系统也纳入文献范畴之中了，因而这种界定未能把主观知识和客观知识加以区分。因此，本书把文献定义为：记录客观知识的可供人们阅读或视听的脑外人工载体。

"文献"与"图书"的主要区别表现在以下几个方面：第一，概念的外延不同。图书一般指传统的出版物，而文献除传统出版物之外还包括各种形式的现代化读物。也就是说，文献包含图书，图书是文献的一种。第二，载体形式不同。现代意义上的图书，其载体形式主要是纸张，而文献的载体形式除纸张外，还可以指甲骨、简策、锦帛、胶卷、磁带、光盘等。第三，加工形式不同。图书的加工形式一般有手写、印刷并装订成册，而文献的加工形式既包括手写或印刷形式，也包括利用音频、视频等现代手段加工的形式。第四，使用上的不同。图书可供人们直接查检和阅读。而文献则不同，有的文献可供人们直接查检和阅读，有些形式的文献则需要借助一定的设备（如电脑、缩微阅读机、录音机、电唱机、放映机等）才能阅读或视听。

（二）构成文献的基本要素

在上面的文献定义中，其实已经指明了文献的三个基本构成要素：知识内容、实物载体、记录方式。

第一，知识内容。任何一种文献都是用来记录知识或信息的，内容上不是知识或信息的东西，都不能称其为文献。

第二，实物载体。任何一种文献的外在表现形式都是某种实物，如甲骨、简策、锦帛、纸张、胶卷、磁带、光盘等。实物载体是文献存在的物质基础。

第三，记录方式。把知识或信息存储到某种实物载体之上，必须借助一定的记录手段，如手写、印刷、刻录、机录等，而且这些记录手段记录的是表达知识或信息内容的能指符号——文字、代码、音频、视频等。

（三）文献的发展历程

人类历史上最早的文献是文字与天然实物载体相结合的产物。尽管人们难以断定文字出现的确切时间，但比较一致的观点认为古代埃及、中国以及两河流域是最早产生文字的地方。通过文字把语言刻录在某种实物上（如中国的甲骨，埃及的纸莎草、泥板等）就形成了文献。最初的文献主要是记录政令、法令、外交文书、征供纳税等的文件。

继文字产生之后，文献演化史上的第一次革命是纸张发明带来的载体革命。纸张发明于我国东汉时期，它为文献的生产提供了相对廉价又便于携带的人工附载物。此后，各种天然文献载体陆续退出了文献生产的历史舞台，在相当长的历史时间里，纸张一直是主要的文献载体。

继纸张之后，文献演化史上的又一次变革是印刷术带来的文献记录方式的革命。我国隋、唐时期开始使用雕版印刷技术，北宋时期发明活字印刷技术，西方15世纪时出现古登堡的金属活字印刷技术。印刷术的出现不仅使图书这种古老的文献形式的数量迅速增加，而且促进了其他纸质文献形式的出现。17世纪出现了学术期刊和报纸，19世纪出现了索引性刊物。直到今天，印刷式图书、期刊、报纸等文献形式依然是人类采用的主要文献形式。

进入20世纪后，文献形式进一步多样化。20世纪初期，以光学缩微技术为记录方式，以感光材料为载体的缩微制品成为一种重要的文献形式。这种文献可以将大量纸质文献按原样缩制在胶卷或胶片上，使用时再利用缩微阅读器将其在屏幕上放大或复印成纸质文献。这种文献不仅密度高、容量大，而且价格低廉、操作简单、易于保管，适合保存大型的连续性出版物，如大型报纸、连续编号的科研报告等的首选文献形式。20世纪40年代，经计算机处理并记录于计算机存储介质上的数字化文献开始出现。早期的数字化文献主要是纸质文献被打印或出版前的临时形式，20世纪80年代以后，随着网络技术的普及，数字化文献作为交流的最终文献形式得到日益广泛的应用。

数字化文献是文献演化过程中一次深刻的革命。它不仅大大提高了文献传播速度和效率，而且使知识和信息可以通过多媒体文献形式（包括文字、图像、声音和其他虚拟信息）加以传播。同时，借助网络技术，它还使文献的远程利用成为可能。不少图书馆界人士（如美国学者兰卡斯特）预言数字化文献将彻底取代纸质文献，但即使最乐观的"无纸论"者也无法预测纸质文献何时消失。

二、文献资源

文献资源建设的根本目的是通过采选文献，最终形成一定文献资源体系，并向社会提供服务。因此，文献资源的含义、作用、特征等，就成为文献资源建设不可缺少的研究内容。

（一）文献资源的含义

资源，一般指天然资源。文献资源是相对于天然资源的一种社会智力资源，是物化了的知识财富，是人们迄今为止收集、积累、保存下来的文献资料的总和。文献资源作为一种宝贵的智力资源和信息资源，同水、矿产等自然资源一样，是人类文明发展必不可少的条件。一个国家文献资源的贫富及其存取水平，是衡量该国文明水准和经济、文化、科学技术等综合国力的重要标志。文献资源的开发、利用程序直接影响社会的发展与进步。由于历史、经济、文化等诸方面的影响，不同国家的文献资源贫富不均，同一个国家不同地区的文献资源亦多寡不一。一般情况下，发达国家和地区的文献资源比较丰富，经济、文化和科学技术比较落后的国家和地区，其文献资源也相对贫乏。

文献资源是人类社会发展的产物。人类在改造自然界和社会的实践活动中，获得了来自客观世界的各种信息，这些信息经过人脑的提炼和加工，逐渐转化为知识。知识对人类社会的发展有着不可估量的作用。这是因为知识一旦形成，并与劳动者结合起来，就可从潜在的生产力转化为直接和现实的生产力，创造日益丰富的社会物质财富，从而推动人类社会的进步和发展，知识就成为人类社会发展的驱动力。资源主要是指生产资料和生活资料的自然来源，人类通过不断发现、开发和利用自然资源，不断创造物质财富，为人类提供衣、食、住、行，使人类得以生息、繁衍，使社会不断发展。从知识也能为人类创造物质财富，并能成为人类社会发展的驱动力来讲，知识也是一种资源，是一种智力资源，但知识必须依赖一定的物质载体才能存在。

在人类社会早期，人类通过大脑存储和传播知识，由于各种生理因素的制约，知识难以在广阔的空间和持续的时间内积累和传播。随着社会生产力的发展，人类打破了自身的束缚，将知识转化为一些有规律的信息符号，并在人体以外找到了新的物质载体，这种新的物质载体就是文献。显然，文献当中蕴藏着人类创造的智力资源。在人类社会的历史长河中，随着文献数量的不断增加和文献负载知识功能的不断加强，文献积累、存储了人类的所有知识，文献就成为人类知识的"宝藏"。同时，人类在改造自然界和社会的过程中，通过不断开发和利用人类的知识"宝藏"，借鉴前人的经验和同代人的成果，不断创造物质财富，又促进了社会的进步发展。由此可见，文献已经成为人类社会发展一种不可缺少的资源。文献不断积累、存储的过程，也是文献资源不断积累、存储的过程。文献积累的数量越多，延续的时间越长，文献资源也就越丰富。从这个意义上说，文献资源是迄今为止积累、存储下来的文献集合。

(二) 文献资源的作用

人类对文献资源重要作用的认识随着社会的发展而不断深化。在生产力低下、科学技术落后的古代社会，人类不可能从"资源"的角度去认识文献。因此，对文献资源的作用也就无从认识。即使到了现代，人类也更多将文献划归为意识形态的范畴，对文献资源作用的认识也是处于朦胧阶段。只有当科学技术成为第一生产力和信息时代到来时，人们才深刻认识到文献资源的重要作用。

第一，文献资源是科学决策的重要依据。人类为创造更多的社会物质财富，需要制定各种相应的战略措施和政策。在决策之前，需要利用经过加工、分析、评价了的文献资源中的有用信息，从中吸取正确的东西，扬弃不正确的东西，为科学决策提供依据。

第二，文献资源向人们展示科学技术的最新成果。当今社会，人类的科学技术成果层出不穷。通过文献资源可以向人们充分展示这些科学技术成果，帮助人们了解当代世界科学技术的发展动向，借鉴别人的研究成果和经验，避免重复劳动，使科学研究和现代技术获得更快发展，更好地发挥科学技术对社会和经济的推动作用。

第三，文献资源向人们提供足够的精神食粮。在丰富的文献资源中蕴藏着足够的精神食粮，人们可通过文献资源中的知识和优秀文化的精华陶冶情操、提高文化素质和道德水平、促进搞好社会的精神文明建设。一个国家精神文明建设的程度如何，直接反映着一个国家的社会发展水平，同时，精神文明建设搞好了，能直接促进社会的物质文明建设。我国还是一个物质文明不十分发达的国家，更需要充分利用文献资源中蕴藏的精神食粮，在搞好精神文明建设的基础上，促进物质文明的建设。由此可见，在现代社会中，文献资源对社会的发展起着不可估量的作用。为此，许多发达国家已把文献资源同能源、材料并列，作为社会经济和科学技术发展的"三大支柱"。只有充分认识文献资源的重要作用，才能更好地理解文献资源建设的现实意义。

(三) 文献资源的特点

文献资源与自然资源相比，有其明显的特点。

1. 再生性

文献资源不像自然资源（如煤、石油等）那样随着开发和利用的深入而逐渐枯竭，而是具有再生性，可以多次反复使用。这是因为随着人类对文献资源开发利用程度的提高，反过来会促进知识的增殖，带来文献数量的增加和文献质量的提高，从而进一步丰富文献资源。人类社会越向前发展，文献资源便会越丰富，可以说文献资源是取之不尽、用之不竭的再生性宝贵资源。将来人们关心的不是文献资源枯竭的问题，而是如何解决因文献资源剧增而带来的文献资源冗杂等一系列问题。

2. 积累性

文献资源的多寡不是先天固有的，而是经过后天不断积累的。今天，丰富的文献资源离不开历史上各个时期保存下来的各类文献资源，是古代私人藏书家、官方藏书楼及近现代图书馆、各类文献收藏机构保存下来的人类文明的集合。

3. 可建性

自然资源是天然的、先于人类的客观存在，而文献资源是人类创造的一种知识智力资源，它的生产和分布是一种客观现象，但更受制于人类的主观努力，明显受到社会政治、经济、文化诸因素的制约。因此，人们可以通过文献资源建设，采取选择、组织、布局等手段，改造和优化冗杂的文献资源，使文献资源处于有序的分布状态，以便人们有目的地充分开发利用文献资源。

4. 冗余性

文献资源并非各种文献的简单相加，相反，庞杂、雷同的文献堆积并不会增加文献信息内容的含量，更不会成为体系完备、功能良好的文献资源系统。文献资源建设的具体任务之一是把那些重复、交叉，甚至过时无用的文献——冗余文献剔除，否则就有可能造成文献信息通道的阻塞，给用户带来困难。

5. 共享性

自然资源多是具有一次效用、难以复用的资源，而文献资源则是可以同时使用，不分先后、异地和反复使用的资源。而且还可以根据需要，在条件允许的情况下，随时进行复制、转录、缩微，但不会改变原来的内容。文献资源的共享性是由文献的社会占有性决定的，文献一旦产生并公布于世，社会公众就有了平等利用的机会。文献以各种方式出版发行的目的，从根本上说，是让更多的人利用它。文献资源的共享性不但为人类在更大范围内进行信息交流创造了条件，更向人们表明文献资源应该属于全人类，人人有权共享全世界的文献资源。随着人们观念的转变和其他条件的成熟，人们的这种美好愿望将会逐步变为现实。文献资源的共享性给我们开展文献资源的共建、共享工作提供了理论依据。

6. 效益性

文献资源的效益性特点表现在时间性和潜在性两个方面。

（1）时间性。自然资源只有被开发，才能产生效益，但对它的开发一般不受时间早晚的限制，如地下矿藏早开发或晚开发都不会影响其效益的发挥。但文献资源不同，有些文献资源由于其所含信息和知识具有较强或很强的时间性，若不及时开发利用，就会降低或丧失开发效益。与此相反，有些文献资源的开发效益具有潜在性，其效益未必马上能显示出来，但若干年后可能会有很高的使用价值，那时将它开发利用就会产生很大的开发效益。文献资源的时间性和潜在性特点，给图书情报机构的馆藏文献资源剔除等工作增加了难度。同时，也要求文献采选人员在采选文献时，既要收集时效性强的文献，又要采选具有潜在效益的文献。

（2）价值潜在性。文献资源的价值实质是文献载体所含知识内容的价值。在被开发利用之前，这种价值隐藏于载体之中，不为人们所见；开发利用之后，这种价值间接体现于某种产品、成果、思想、观念或行为之中，具有隐现性。知识含量越多，产品价值越高，文献资源被开发利用得越好，物质成果和精神成果就越丰富。随着知识经济时代的到来，文献资源的价值随着文献资源的开发程序而发生变化，文献资源的价值必将被越来越多的人所认识。随着知识经济时代的到来，文献资源的作用将更为突出。

第二节 印刷型文献资源

印本资源是印刷型文献资源，也可以称为纸质资源、实体馆藏、印刷性资源。智慧图书馆中的印本资源主要包括图书、期刊、报纸、学位论文、特种文献等。其中图书是印本资源的主要组成部分，在馆藏资源中占有重要的体量，也是图书馆除数字文献资源以外获得资源建设经费最多的资源类型。期刊的时效性较强，按时间要求会定期出版；而学术期刊的学术价值较高，在研究领域中具有极高的地位。报纸比期刊的出版频率高，多数报纸为一天一期，具备信息的时效性和新颖性，多以新闻性信息为主，能够陶冶读者的性情，丰富读者的业余文化生活。特种资源由于其自身的"特殊"性，而具有较高的参考价值和学术价值。

一、图书

（一）图书的起源发展沿革

图书是知识的载体，也是文化的基本要素。中国图书经历了悠久的发展历史。图书是以传播知识为目的，是用文字和其他符号记录在一定材料上的著作物。"图书"这一词汇最早出现在记录刘邦进攻咸阳的史书上，在《史记·萧相国世家》[①]中的"何独先入收秦丞相御史律令图书藏之"。这里的"图书"一词是指地图和法令、户籍文书，与现今图书的概念是有差异的。

随着历史的发展，"书"被赋予了多重含义，它的用法和定义逐渐扩充和延伸，代表了一切文书的记录，如"书信""文书""盟书"等。社会在不断进步，人们的思想意识层次发生了微妙的变化，图书的普及范围越来越广，

---

①《萧相国世家》是西汉史学家司马迁创作的一篇文言文，收录于《史记》中。"萧相国"指西汉开国功臣之一的萧何，"世家"泛指世代贵显的家族或大家，而在《史记》中则为用以记载侯王家世的一种传记。《萧相国世家》讲述了萧何从起事到终老的经历及其重要作为等。

人们对于图书的认识体系一直在发展进步。直至今天,"图书"这一概念的范围更加精确,并不是所有文字记录都可以称为"图书",例如文书、书信、盟书等,虽然定义中包含"书"字,但它们已经被排除在图书的范围之外。图书的含义得到了更新和升华,定义的范围也逐渐缩小。随着人类文明的演变,传递实践经验和知识、供人阅览的书籍不再算是"图书"了,随着社会的进步和思想层次的优化,人们开始建立一套传递经验、传授知识、传播思想文化的完备的图书体系,解决工作事务的文字记录形成档案体系,并发展成为两类体系。

我国古代,关于图书人们给出了不同的定义。从图书的内容方面出发有:"百氏六家,总曰书也。"从图书形式上则认为:"著于竹帛谓之书。"这些定义是随着时代的发展产生的,是时代的产物,不能涵盖后来的发展状况。经过几千年的发展和演变,图书的内容和体系逐渐丰富,记录和表述的形式呈现多样化,产生了各种形式和类型的图书,包括著作方式、载体、书籍制度等,所有这些都促使人们对图书有了较系统而明确的概念。

今天,图书的概念有广义和狭义两种类型。对于"图书馆"和"图书情报工作"等定义来说,"图书"的概念是广义的,包括了各种类型的文字记录,例如甲骨文、金石拓片、手抄卷轴、各类书籍、期刊和杂志等,还包括各类声像资料等新技术产品;在进行图书馆和信息情报的实际工作过程中,人们会把图书和期刊等文字记录放在同一层次上进行比较。但图书与其他文字记录是有一定区别的,这时图书的范围缩减,形成狭义上的"图书"。联合国教科文组织曾经对"图书"的概念进行了细致的总结:由正规出版社出版,除封面和封底外具备49页以上文字的书籍,有明确的书籍名称和作者名称,获得国家有关部门的批准,具备正规的编号,有明确的价格,受到有关部门保护的出版刊物,可以称为"图书"。

(二)现代图书文献的类型

图书的种类繁多。根据不同的情况、目的和需要,有多种划分的方法。

按照知识的内容可划分为:社会科学图书、自然科学图书。

按照印刷的文种可以划分为:中文图书、日文图书、西文图书、俄文图书等。

按照作用可以划分为：普通图书、工具书、教科书、科普书等。

按照著作的方式可划分为：专著、编著、译著、文集、汇编、类书等。

按照知识内容的深浅程度可划分为：学科专著、科普图书、儿童读物等。

按照生产的方式可划分为：写本书、抄本书、铅印本书、打印本书、排印本书、照排本书、影印本书等。

按照装帧的形式可划分为：精装书、平装书、线装书等。

按照刊行的情况可以划分为：单行本图书、丛书、抽印本图书等。

按照出版卷帙可划分为：多卷书、单卷书等。

按照版次和修订情况可划分为：初版书、再版（重版）书、修订本书、增订本图书等。

按照载体可以划分为：纸质图书、感光材料图书、磁性图书、电子图书等。

按照图书内容所属学科范围可划分为：数学图书、物理学图书、化学图书、生物学图书、医学图书、文学图书、历史图书、哲学图书、政治图书、军事图书等。

按照图书的珍贵程度可划分为：一般图书、善本图书、珍本图书等。

(三) 图书的特征

图书是记录和保存知识、表达思想、传播信息的最古老、主要的文献，其信息承载量大，便于存放、携带，不受空间、时间和设备限制。这些优点使图书无论是过去、现在和将来，都是人类社会最主要的信息交流媒介之一。

1. 保存和传播知识的特征

图书是最好的保存和传播知识的文献资源。图书作为一种重要的文献信息源，其特点首先体现在保存和传播知识方面。通过图书可以了解别人关于某个专门问题的研究或对实践经验的系统论述。图书的成书过程较长，从写作到出版，要通过核对、鉴别、筛选、提炼、校对等多道工序，因此图书的知识内容较其他形式的文献更成熟、更稳定、更可靠。如果要对某些问题获得较全面、系统的了解，或对不熟悉的领域有初步、基本的了解，阅读有关图书是个较好的办法。

2.图书的内容特征

普通图书是一种主要的印刷型文献。在悠久的发展历史中,图书形成了其他印刷型文献不可比拟的显著特征。图书是经过编著者对所论述的主题文献进行选择、鉴别、核对、融会贯通后写成的,其知识内容较为成熟、系统。每种图书都至少有一个主题,对某一学科或主题论述得比较系统、全面,是著者对自己的社会交往、生产实践和科学实验等经验的概括,以及对前人某个方面知识的综合论述。正文部分少则几万字,多则几十万字,甚至几百万字。从知识内容而言,图书涉及自然和社会现象的各个领域,既有专门论述某一学科或主题的专著,又有系统论述某一学科或主题的汇编;既有以普及科学知识为目的的通俗读物,又有供教学使用的教科书及教学参考资料,还有专供检查、参考用的各种工具书(如字典、辞典、手册、手鉴、百科全书等)。普通图书知识内容的全面性、系统性、集中性和成熟程度,决定了其历来为各类型读者所重视。从出版形式而言,图书大都有论章述节,成卷成册,一般具有封面、书名页、目次、版权页,并且版式规范、书型适宜、装帧完美、便于保存和利用,因而成为图书馆所藏文献的主要组成部分,是文献信息来源中不可缺少的重要资源。图书所记录的知识虽然要比期刊、论文等文献晚几年,但它所反映的知识内容是以往知识的概括和总结。要获得比较全面、深入、系统的知识,图书无疑是最重要的文献资源。与其他出版物相比,图书有两个显著的特点:①内容比较系统、全面、成熟、可靠;②出版周期较长,传递信息速度较慢。

二、报纸

报纸是以刊登当下的热点新闻和时事政策为主的,按照固定周期向群众印发的刊物。是广大群众获取时事热点的主要来源,具有一定的社会导向意义。

报纸经历了一个漫长的发展历史,世界上最古老的报纸是在公元前60年时出现的,当时罗马为了告知市民国家发生的事件以及省市发生的事件等,就在白色的木板上书写事件,这种方式是由盖乌斯·尤利乌斯·恺撒[①]

---

① 盖乌斯·尤利乌斯·恺撒(Gaius Julius Caesar,前100—前44),史称恺撒大帝,又译盖厄斯·儒略·恺撒、加伊乌斯·朱利叶斯·恺撒等,罗马共和国(今地中海沿岸等地区)末期杰出的军事统帅、政治家,并且以卓越的才能成为罗马帝国的奠基者。

（Gaius Julius Caesar）提出的，他是当时古罗马著名的政治家。而中国最早的报纸出现在汉代，在当时称作邸报。

印刷出来的报纸是在1450年开始发行的，定期报纸由不定期的新闻书发展而来，德国于1609年最先发行定期报纸，第一张日报也是在德国发行的，时间是在1650年。

欧洲资产阶级革命时期，欧洲各国开始发行报纸，接受报纸和喜欢报纸的人越来越多，范围也越来越广，社会各界人士都开始阅读报纸。直到19世纪末，报纸实现了较快的发展，报纸的发行量由原来的只有几万份发展为高达上百万份。正是因为这种量的积累，大众传播的时代到来了。

报纸在每个地方的发展时间不相同，最初的时候多数是因为政治原因出现的。从不同的角度分析报纸的职能将会得出多种不同的结论，目前得到广泛认同的关于报纸职能的理论是由法国新闻学者贝尔纳·瓦耶纳（Bernard Wayena）所提出的，认为报纸的职能主要有三个：第一个为报道职能，第二个为辩论职能，第三个为娱乐职能。其中，报道职能是最主要的职能，辩论职能主要用于传播观点，娱乐职能往往是附带的职能。

报纸具有四个优点：第一，阅读报纸不受时间的限制；第二，一份报纸可供多人互相传阅；第三，对于信息理解能力低或阅读能力低的人来说，反复阅读报纸能够理解和吸收新闻内容；第四，信息技术的发展提升了报纸的传阅能力。

同时，报纸还具有四个缺点：第一，报纸在出版的过程中容易被截稿，也容易受到其他因素的影响，报纸中的内容不能及时更正与更新；第二，报纸通常是由多纸张组成，传阅或者携带会不方便；第三，相比较而言，报纸的视觉效果相比其他媒体的效果要弱些；第四，报纸容易被污染和破坏。

三、期刊

期刊也称为杂志，是由不同作者撰写的不同题材的作品构成的定期出版物。

从广义上讲，根据期刊的特征可以将其分为正式期刊和非正式期刊两类。正式期刊是指通过国家新闻署和国家科委的审批，获得国家统一编号，遵循国家的相关规定，按照法律要求实行刊物出版。非正式期刊是指通过行政部门的审批，获得在行业内部出版刊物的证明，是一类用于内部交流的期刊，属于合法的刊物，正式期刊都经历过非正式期刊的发展过程。

国内期刊的统一出版编号即"CN"编号，是国家新闻出版总署统一规定的期刊连续编号，它是国家行政部门分发给各个期刊出版社的编号。国际刊物编号是国际期刊资料中心分配的刊物编号，即"ISSN 号"。

(一) 期刊的类型

期刊可以从不同的角度进行分类。一般从以下三个角度进行分类：

(1) 按学科特征进行分类，以《中国图书馆图书分类·期刊分类表》(第三版) 为例，将期刊分为 22 个类别：A. 马克思主义、列宁主义、毛泽东思想；B. 哲学、宗教；C. 社会科学总论；D. 政治、法律；E. 军事；F. 经济；G. 文化、科学、教育、体育；H. 语言、文字；I. 文学；J. 艺术；K. 历史、地理；N. 自然科学总论；O. 数理科学和化学；P. 天文学、地球科学；Q. 生物科学；R. 医药、卫生；S. 农业科学；T. 工业技术；U. 交通运输；V. 航空、航天；X. 环境科学、安全科学；Z. 综合性出版物。

(2) 根据刊物内容进行划分，以《中国大百科全书》为例，将期刊分为四种类型：①一般期刊。受众范围广，蕴含一定的知识内涵和趣味性，比如中国的《读者》《大众电影》。②学术期刊。以学术交流研究为主，汇总各个学科领域的试验成果、市场行情以及研究进展等，例如《北京大学学报》(北京大学) 等。③行业期刊。这类期刊主要为消费者和经销商服务。④检索期刊。这类期刊是用于查找文献的工具性期刊，例如，中国的《全国报索引》《全国新书目》，美国的《化学文摘》等。

(3) 根据期刊的质量、层次和学术地位，可以将刊物分为核心期刊和非核心期刊两类。

(二) 期刊的一般特点

第一，传递文献信息及时。在所有的文献中，期刊传递、报道信息的速度比其他类型的出版物都快。这是由于期刊的出版速度快、周期短，而且在刊载内容上能及时报道科研新成果、学术新动态。据统计，我国科技学术会议的论文在会后有 70% 左右刊登在期刊上；社会科学学术会议的论文，在会后有50%～60%会刊登在期刊上。期刊文献已成为广大读者及时获取学术信息和情报的重要来源。另据美国"世界会议情报中心"统计，世界上每年召开的世界性科技会议的论文，至少有50%发表在期刊上。为了及时报道学术会议文献，国内外许多期刊除分散刊登单篇会议论文外，有时还汇辑多篇会议论文以特刊、附刊的形式成册出版。期刊发表会议文献，一般比单出会议记录要快。因此，期刊已成为报道最新情报的手段之一。

第二，学科面广、内容丰富。期刊不仅品种多、数量大，而且学科多、内容全。随着科学技术的发展，专业期刊陆续增多，学科范围广泛，涉及内容非常丰富，从社会科学到自然科学，从基础理论到应用技术及新的边缘学科，人类知识的各个领域都有其所属的专业期刊。期刊具有较大的容纳能力，所报道的内容比较详细，已成为最受广大读者欢迎的出版物。

第三，出版量大、利用率高。随着科学技术的飞速发展，科学技术成果的大量涌现，期刊作为科技成果最主要的载体，出版的种类和数量必然也会急剧增长。据统计，全世界出版的期刊由20世纪60年代的2万多种到20世纪90年代初的20多万种，30年间增长了约10倍。每年期刊上发表的原始论文占文献总量的50%以上。美国曾对数以万计的情报需求者进行调查，结果其情报需求的68%属于期刊论文。在各类文献中，期刊的利用率也最高。鉴于期刊的使用价值较大，许多科学家愿意将研究成果发表在期刊上。同时，科学家亦可通过期刊及时了解当代科学技术飞速发展的状况，获得对工作多方面的有益启示。

第四，连续性强。期刊是较长期或无限期出版的一种连续性出版物。不少期刊历史悠久，如英国皇家学会的汇刊《哲学汇刊》已有300多年的历史。特别是一些学术性或专业性期刊，从其发表的文献内容上具有很强的连续性，能够历史、系统地反映某一学科或某一研究对象的发展过程，起到辨章学术、考镜源流的作用。

第五，重复、交叉、分散。由于期刊品种多、数量大，因此所载文献与其他类型的文献时有重复、交叉。一篇论文用多种形式、多种文字发表以及翻译期刊的大量出现，都使报道文献出现了严重的重复交叉趋势。期刊报道文献的分散性还表现在某专业论文分散刊登在不同学科的期刊上，致使专业期刊所刊文献等涉及了多种学科领域。期刊与其他类型的出版物（如图书、会议文献和科技报告等）关系密切，所以其他文献亦常在期刊上重复发表（如会议文献）。据调查，约有50%的会议文献先在期刊上发表，而后再单独出版会议录专集。

第六，知识新颖、出版周期短。期刊发表文章快、数量大，出版周期短，能同时反映新理论，新技术、新方法、新动向，迅速传递最新的知识情报信息，成为最主要的文献情报来源之一。

四、特种文献

特种文献是指出版形式比较特殊的科学技术文献资料，包括科技报告、政府出版物、会议文献、学位论文、专利文献、技术标准、产品样本等。特种文献又称丛刊，或不定期连续出版物，介于图书与期刊之间，似书非书，似刊非刊，称为"图书化的期刊"或"期刊化的图书"。这类文献总的特点是数量大、增长快、内容广泛、类型多样，涉及科学技术、生产生活各个领域，保密性强，出版分散，有不同的密集程度，有的公开发表，有的内部发行，出版周期不固定，收集比较困难；现实性强，情报价值高，从不同领域及时反映当前科学技术的发明创造、进展动态、研究水平及发展趋势。它们对于国民经济、生产技术和科学研究有直接的参考应用价值。

（一）专利文献

1. 专利文献的概念

狭义地说，专利文献（patent literature）是指专利说明书，也包括申请批准有关发明的其他类别的文件，如发明证书。广义地说，除专利说明书外，专利文献也包括专利局出版的各种检索工具书，如专利公报、专利文摘、专利题录、专利分类表等。但对广大科技人员来说，最重要的还是专利说明书，它相当于原始的科研论文。它是申请人向专利局申请专利权时，用以说明发明的目的、发明的要点、发明的详细内容以及要求取得的权利要求范围的文件。换言之，专利说明书是新发明、新技术、新工艺、新材料、新产品、新设备等的记录。

概括地讲，专利文献是各国专利局及国际性专利组织在审批专利过程中产生的官方文件及其出版物的总称。作为公开出版物的专利文献主要有专利说明书、专利公报、专利文摘、专利索引和专利分类表等。

我国的"专利文献"是指国家知识产权局按照法定程序公布的专利申请文件和公告的授权专利文件。

专利文献储存了整个人类的技术知识，是一座取之不尽、用之不竭的技术宝库。历史上许许多多发明以及后来的一系列改进，在专利文献中都有详尽的记录。而且专利文献几乎涉及科学的所有领域。在当今商品化、信息化的时代，还没有一种文献能把科学技术与商品和信息结合得这样紧密，能快速转变成商品促进科学进步和经济发展。

2. 专利文献的特点

（1）内容新颖。专利的创造发明必须是前所未有的，是最新的。新颖性是每项专利发明的必备条件。如果一项研究成果是别人已经发明过的专利，就不具备新颖性，也得不到专利权。

（2）完整详尽。专利说明书的编写应达到一般内行人能据以实施的程度。专利合作条文对撰写专利说明书做了明确规定，要求申请专利说明书所公开的发明内容必须完全清楚，对其专利的产品和工艺发展的每一个环节，乃至细小的环节，都要有受专利法保护的详尽说明，以内行人能看懂为标准。

（3）重复率高。专利权仅在该申请国家受到法律保护。因此，有些价值较大、潜在力强的重大发明，可先后在几个或几十个国家提出申请。

（4）出版迅速。许多国家已实行早期公开和延迟审查制，促使发明人抢时间向专利局申请专利，尽早公开自己的发明，从而使专利文献成为报道新技术最快的情报源。据报道，专利文献公布的发明成果一般要比普通科技文献早 5~15 年。

（5）系统性强。专利文献要进行科技战略的预测，把某一项技术的所有专利说明书收集起来，或把某一家企业所有的专利全部集中起来，再对每项专利说明书进行分析研究。专利文献既是一部技术发展史，又对该企业的科研项目和产品水平有系统反映。

（6）著录标准规范。为便于国际的交流与合作，自 1968 年起，专利文献采用《国际专利分类法》著录，需具有国际统一的著录项目、编排样式和代码。专利说明书的书写格式、使用的符号和代码、各项内容的顺序、位置等都有严格的标准和要求，并且必须通过审查。专利文献比一般科技文献的著录要规范许多。

(7) 法律保护。专利文献是实施法律保护的法律文件。专利制度以公开为条件，依法给予发明创造以法律保护，并以专利文献为印证。

3. 专利文献的类型

(1) 专利说明书

专利说明书是专利申请书的主要组成部分，是向熟悉本专业技术的读者提供足够的技术细节，提供理解和利用一项发明所必需的文字描述，使之能够理解发明内容并付诸实施的详细说明。

专利说明书有广义和狭义两种解释。就广义而言，是指各国工业产权局、专利局及国际（地区）性专利组织出版的各种类型专利说明书的统称，包括授予发明专利、发明人证书、医药专利、植物专利、工业品外观设计专利、实用证书、实用新型专利、补充专利或补充发明人证书、补充保护证书、补充实用证书的授权说明书及其相应的申请说明书。就狭义而言，是指授予专利权的专利说明书。专利说明书的主要作用是清楚、完整地公开新的发明创造，以及请求或确定法律保护的范围。

(2) 专利公报

专利公报是专利局每周（或每月）公布新收到或批准的专利的刊物，一般对所公布的专利都有发明的摘要。

(3) 专利法律及专利局公布的公告和有关文件。

(4) 专利检索工具及专利刊物。

为了简化查阅专利的手续，为查阅专利说明书提供便利条件，各国专利局都出版检索其本国专利的成套工具书和介绍外国专利的刊物。除专利公报外，还有：①专利索引：分类索引、年度索引和专利人（含法人）索引；②专利文献：例如英国德温特公司出版的世界专利文献；③专利分类法：各国都有专利分类法，但目前各国逐渐采用《国际专利分类法》(IPC)；④分类表索引：用于从名词查分类号。

(二) 科技报告

1. 科技报告的概念

科技报告（scientific and technical report）又称"研究报告""技术报告"，

是对科学、技术研究结果的报告或研究进展的记录。它可以是科研成果的总结，也可以是科研进展情况的实际记录。许多最新的研究成果，尤其是尖端学科的最新探索往往出现在科技报告中。世界上许多国家每年发布大量的科技报告。科技报告出现于20世纪初，第二次世界大战后迅速发展，成为科技文献中的一大门类。每份报告自成一册，通常载有主持单位、报告撰写者、密级、报告号、研究项目号和合同号等。按内容可分为报告书、论文、通报、札记、技术译文、备忘录、特种出版物。大多与政府的研究活动、国防及尖端科技领域有关，发表及时，课题专深，内容新颖、成熟，数据完整，且注重报道进行中的科研工作，是一种重要的信息源。查寻科技报告有专门的检索工具。目前，世界上各发达国家及部分发展中国家每年都有科技报告产生，例如美国的四大报告、英国航空委员会报告（ARC）、法国原子能委员会报告（CEA）、德国宇航研究报告（DVR）、瑞典国家航空研究报告（FFA）等。

2. 科技报告的特点

（1）外部形态独特。科技报告在外部形态上每份报告自成一册，封面和内容有统一固定格式，有研究或出版机构名称及连续编号。多数未曾正式印刷，只是单面打字稿的复印件。篇幅长短不定，可按需要写成任意长短，平均长度约50页，装订简便。

（2）学科领域广泛。科技报告在内容上涉及的学科领域广泛，主要与国防、原子能和航天技术有关，或是政府官方文件；课题专深新颖，常涉及尖端科学技术或最新的研究项目；文字叙述较期刊、论文详尽得多，而且质朴无华，但较粗糙；不但有成功的经验，也有失败的教训；一般都附有大量的数据、图表及原始实验记录等资料。

（3）报道速度快捷。科技报告在发表时间上相当及时，从报告形成到发表所需的时间较短，报道新成果的速度要比期刊快一年以上。

（4）流通控制严格。在流通范围上，大部分科技报告都有一定的控制，即属于保密或控制发行的。尤其是内容涉及国家军事技术、原子能、航空航天技术、其他尖端科技及国家秘密的报告，控制得更为严格，公开发表的只占全部报告的一小部分，因此难以通过文献贸易渠道获得。

3.科技报告的种类

(1)按报告的内容可分为：基础理论研究报告、工程技术研究报告。

(2)按报告的技术内容可分为：技术报告书(technical report)、技术札记(technical notes)、技术备忘录(technical memorandum)、技术论文(technical papers)、通报(bulletin)。

(3)按报告的研究进度分为：现状报告(status report)、初步报告(primary report)、中间报告(progress report)、终结报告(final report)。

(4)按报告的流通范围分为：公开发行报告(unclassified report)、限制发行报告(restrited report)、秘密报告(confidential report)、机密报告(secret report)、绝密报告(top sec, report)。

(5)按报告的用途分为：研究成果报告，设备、工艺及材料说明报告，操作指导报告，生产说明报告，技术经济分析报告。

(6)按报告的载体形态分为：书本型报告、缩微型报告、电子型报告。

(三)学位论文

1.学位论文的概念

学位论文是指为了获得学位，要求被授予学位的人所撰写的论文。

根据国际标准化组织(International Standardization Organization, ISO)的定义，学位论文是指著者为取得专业资格的学位而撰写的介绍其研究成果的文献。

学位论文是高等学校或研究机构的学生为取得学位，在导师指导下进行科学研究后撰写的科学研究、科学试验成果的书面报告。学位论文一般要有全面的文献调查，比较详细地总结前人的工作和当前的研究水平，做出选题论证，并做系统的实验研究及理论分析，提出自己的观点。学位论文探讨的问题往往比较专一，带有创造性的研究成果，是一种重要的文献来源。

2.学位论文的类型

由于各国教育制度规定授予学位的级别不同，学位论文也相应有学士学位论文、硕士(或副博士)学位论文、博士学位论文之分。其中博士学位论文具有较高的学术价值。

(1) 按学位论文级别划分

根据《中华人民共和国学位条例》的规定，学位论文分为学士论文、硕士论文、博士论文三个级别。

学士论文：学士论文是大学生结束学业前为获得学士学位而撰写的论文。在学位论文中的级别最低，有的学士论文很有独创性，但大多数学士论文的学术水平远低于硕士论文和博士论文。因此，科学价值较低，较少被作为科研工作的参考资料。

硕士论文：硕士论文是硕士研究生为获得硕士学位而撰写的学位论文。总体上讲，硕士论文的学术价值低于博士论文，但其中也不乏具有创见性的佳作。因此，硕士论文也是科学研究工作者重要的科学信息源。

博士论文：博士论文是博士研究生毕业前撰写的学位论文。博士论文常常是提出和解决具有相当科学意义的某个特定课题或对某一课题做出较高水平的理论性概括，多数是正在进行中的科研课题研究成果的一部分。这类学位论文学术水平较高，对于科学研究具有较大的参考价值，是很重要的科学信息源。

(2) 按学位论文的内容侧重点不同划分

调查研究性学位论文：这类论文是著者根据自己或他人的大量资料或数据，进行科学的分析研究与核实后对某一研究课题做出的概括性总结。主要特点是所引用的数据和资料较为全面、可靠，分析透彻，见解独特，是科学研究工作重要的资料和数据源。

理论探讨性学位论文：这类论文是著者根据前人已提出的论点或结论，加上自己的研究实验后，进一步提出的论点和新的课题性探讨。这种论文理论性强，具有较大的理论指导意义。对于科研工作者开阔思路、寻找和把握研究突破点，具有重要的启发作用。

研究实验性学位论文：这类论文是著者根据科研课题需要，对某一科研课题用实验的方法进行研究，通过多方面、多层次的试验，在取得事实数据或实验成果的情况下，总结归纳形成的论文。这种论文实验性强，取得的成果对企业产品开发、生产经营有重要作用。

3. 学位论文的特点

第一，学位论文的选题新颖，具有一定的独创性。学位论文，特别是博士论文,一般都涉及前人尚未研究过的课题或尖端科学领域。按要求,博士论文的内容不能与前人的研究重复。即使他人的研究结果尚未公布,也不能作为可以重复的理由。

第二,学位论文所探讨的问题比较专一,对问题的阐述大多系统详细。学位论文的论题一般只涉及一件事物或事物的一至两个方面,而且层层论证,逻辑严密,说理透彻。

第三,学位论文篇幅较长,外部形态多样。学士论文的字数一般在8000字以上,硕士论文在15000字左右,博士论文多数在40000字左右。学位论文原件大多是打印复制件,开本也有多种类型,大小不同。

第四,学位论文不正式出版,不公开发行,报道体系不完善,收集较为困难。

第五,学位论文的最大特点是独创性。对于科学研究工作者来说,学位论文是了解世界科技新进展、掌握科研新动向很重要的信息媒介。学位论文是在某一学术领域内的专家指导下完成的,而且对所用实验和分析方法论述得详细具体。因此,对于同一科学领域的研究人员参考与利用该论文的实验和分析方法进行某一课题的新探索极具借鉴价值。

(四) 会议文献

会议文献是指在国内外各种学术会议上发表的论文、报告稿、讲演稿等与会议有关的文献。现代科学技术的飞速发展,致使世界各国及国际的科学技术协会、学会、研究会等学术团体不断大量涌现。为了加强科技人员相互间的联系、促进学术思想交流、传递学术动态和共享科研成果,各种学术团体纷纷定期或不定期地举办多种学术会议。这种学术会议是会议文献产生的源泉。

1. 会议文献的种类

会议文献按其出版时间的先后,可分为会前文献、会中文献和会后文献。

(1) 会前文献

主要包括会议预告、征文启事、会议日程表、会议议程、会议论文摘要和论文预印本等。其中,后两种是会前文献的主体。因此,有人称会前文献为预印文献。这类文献非与会者难以获得。

论文预印本：论文预印本多以一文一册的形式简单装订，而且有系列编号。一般在会前3周至5个月内印成，开会时分发给与会者，有时也在会中出售。其出版比会后正式出版的会议论文集要早，有些会议在会后不再出版会议论文集，论文预印本便成为会议唯一的论文文献。论文预印本在内容上与会后论文集相比，其可靠性和准确性较差。

会议论文摘要：会议举办者将准备参加会议的论文作者在会前提交的论文摘要汇编成册就是会议论文摘要。它也是一种会前文献。会议论文文摘的字数大多限制在500字左右。有的会议会后不出论文集，而是对外公开发行论文摘要集。

(2) 会中文献

一般是指会议进行中有关的会议决议草案及最后正式通过的决议全文，开幕式、闭幕式上的发言稿，与会者名单以及会议讨论记录和会程安排变更通报等。这些文献一般不涉及科技学术方面的内容，因而其科技信息价值不大。

(3) 会后文献

主要是指会议结束后，由会议主办者或指定责任者整理、编辑出版的正式文献。这类文献是会议文献的核心部分。会后文献大多公开发行，获取较容易；内容系统完整，科技情报价值高；与会前文献相比，出版速度慢得多，影响其内容信息的及时性。会后文献主要是会议录或会议论文集，会议录或会议论文集是会后将论文整理汇编而成的文献。

2. 会议文献的作用

第一，及时传播最新研究成果。能及时传播某一学科或技术领域的最新研究成果。许多最新发现或发明都是在科技会议上首次公布的。会议论文对本学科技术领域重大事件的首次报道率极高。

第二，准确反映科技发展水平。能够较为准确地反映国内外科技发展水平。国际性及全国性学术会议的论文，基本上代表了某一学科的国际及国内发展水平。

第三，了解学技发展的重要媒介。是了解某学科技术领域发展趋势的重要媒介。由于科技会议一般连续定期或不定期召开，其会议文献也是连续的，所以对某个学科会议文献的内容进行系统的分析与研究，不仅能了解该学科技术领域现有水平，更能够预测及掌握其未来的发展趋势。

会议文献的种种特点和作用，决定了它是不可缺少的科技文献源之一，对于科学技术研究人员具有重要的指导作用与参考价值。

3. 会议文献的特点

（1）传播信息比较及时。科学会议是及早传播科学信息的一条非常重要的渠道。科学研究的成果（包括终结成果和中期成果）通过会议进行交流要比其他任何形式的文献交流都更加迅速。据调查，会议上宣读的论文，往往比发表在期刊上的提前数月至一年。另外，会议论文中有相当数量是报道尚未完成的科研工作阶段进展情况的，一般来说，人们要在期刊上见到这种论文要等到这一科研工作全部完成，正式报道之前这段时间可能是几个月，也可能长达数年。会议文献的这种迅速报道科研成果的特点，主要体现在会前文献上。会后文献由于编辑出版用时较长，这一特点则不够突出。

（2）论题集中。科技会议绝大多数是专业性学术会议。这种会议都有明确的主题。会议文献几乎全部围绕会议主题展开论述。因此，会议文献的内容非常集中，具有极强的专业针对性。

（3）内容新颖。在会议上宣读或书面交流的论文，多数尚未公开发表过，属于最新研究成果，往往代表着一门学科或专业的最新水平。

（4）知识内容不成熟。会议论文不一定是某项科研工作的最终成果总结，有相当数量只是中间成果或阶段性成果。因此，会议文献与期刊论文、专著、专刊文献等相比，其知识内容较不成熟，也较不完整。

第三节　数字资源和数据资源

一、数字资源

数字资源是所有信息资源的总和，是通过多媒体、计算机以及通信技术等形式融合而成的，这些信息资源经过利用和存储后以数字的形式出现。数字资源有多种不同的种类。

按照数字资源的性质和功能进行分类，可以分为一次文献、二次文献、三次文献；按照数字资源的生产途径和发布范围进行分类，可以分为商用电子资源、网络公开学术资源、特色资源；按照数据的组织形式进行分类，可以将数字资源分成网页信息、数据库、电子图书和电子期刊等多种不同的类型。

按照存储的介质进行分类，可以将数字资源分成三类：一类为磁介质，例如硬盘、优盘等；另一类为光介质，例如人们比较常用的 LD、CD 等；目前又发展为云存储。

按照资源的提供者可以将数字资源分为两类：一类为商业化的数字资源，通常这类数字资源在图书馆的馆藏资源建设中居于重要地位，这类数字资源具有数量多和内容丰富的特点；另一类为非商业化的数字资源，这类数字资源通常都是机构自己建立的资源，可以是开放获取的资源，也可以是机构典藏的资源等。图书馆中的这类资源是可以免费获取的。如果图书馆建立了资源库后采用商业化的方式运作资源，这时的资源就属于商业化数字资源。

（一）电子图书

电子图书英文表示为"e-book"，电子图书主要依靠计算机或其他类似于计算机的设备进行，电子图书包括声音、图像以及文本等内容，这些内容是通过数字代码被存储在磁介质、光介质以及电介质中。

电子图书可以在计算机屏幕中显示出来，可以把声音、图像以及文字结合起来，其信息检索更方便，容量更高，花费的成本更低，可读性更高，读者阅读起来也更加方便。

（二）电子期刊

电子期刊用英文表示为"Electronic Journal"，人们也将其称作网上出版物或电子出版物。从广义的角度来看，只要期刊存在的形式为电子形式，就是电子期刊。电子期刊可分为两种：一种为纸质期刊经过电子化后的期刊，另一种为直接出版在网络上的期刊。后者无论是从投稿开始到编制出版，还是发行订购，读者的意见反馈都在网络上进行，与传统期刊相比，所有环节都不使用纸张。

电子期刊作为一种出版物能够满足信息需求，其载体为各类高新技术，其检索方式为现代技术检索手段。电子期刊为提升阅读的趣味性以及易读性，还添加了其他一些网络元素，例如及时互动等，并使期刊创建的成本降低。

(三) 数据库

数据库（database）产生于60多年前，作为一个仓库主要用于组织数据、存储数据与管理数据，其组织、存储与管理的依据为数据结构，但随着信息技术的发展与市场的变化，数据库除了要对数据进行存储与管理，还作为一种为用户管理所需要数据的方式，这种功能从20世纪90年代开始更加突出。

数据库有许多类型，例如简单的数据表格，能够储存大量数据的大型数据库系统等，无论是哪一种类型的数据库在众多领域的各个方面都得到了充分应用。

(四) 网络数据库

网络数据库是在后台数据库的基础上，增添了前台程序，作为一个信息集合主要用于数据查询与数据存储等操作，并且这些操作都是通过浏览器得以实现的。

以国际通用的方式对数据库进行分类，通常可将其分为两种：参考性数据库和源数据库。参考性数据库主要用于帮助用户在其他信息源处获取所需的原文信息或其他细节内容；源数据库是能直接供原始资料或数据的自足性数据库，用户可直接获取足够的信息资源。

常见的中文网络数据库有中国知识基础设施工程（中国知网，CNKI）、维普期刊资源整合服务平台、万方数据知识服务平台、北大法宝数据库等。常用的外文数据库有科学引文索引（SCI）、工程索引（EI）、Elsevier、Springer、DOAJ 等。

二、数据资源

数据的内容很广泛，不仅指数字、日期的数据，还包括文本、声音、视频等方式的数据,比如微信、QQ、消费记录、文件等都是数据。数据(data)可以是事实的结果,也可以是观察的结果,也是客观事物的逻辑归纳,一些客观事物中没有经过加工的原始素材就是用数据来表示的。数据可以是连续的值,也可以是离散的值,前者包括图像和声音等,后者包括文字和符号等。

数据和信息之间存在一定的联系和区别。信息的载体以及表现形式就是数据,包括数字、图像、文字以及符号等。数据的内涵就是信息,也就是说,信息是在数据的基础上加载出来的,能够解释数据的含义。数据与信息是不可分割的两个内容,信息的表达中离不开数据,数据的表达要更加生动和具体。

从不同的角度出发可以把数据分为四种:第一种按照性质进行划分,可分,可为四类——第一类为定位数据,例如坐标数据;第二类为定性数据,主要用于表示事物的属性,例如河流、道路等;第三类为定量数据,主要用于反映事物的数量特征,例如体积、长度、速度以及重量等;第四类为定时数据,主要用于反映事物的时间特性,例如年、月、日等。第二种按照表现形式进行划分,可分为数字数据和模拟数据。第三种按照记录方式进行划分,可分为磁带数据、表格数据、影像数据以及地图数据等。第四种按照数字化方式进行划分,可分为格网数据以及矢量数据等。

数据按照结构还可以分成三种:一种为结构化数据,另一种为非结构化数据,还有一种为半结构化数据。

第四节　多媒体资源和开放存取资源

一、多媒体资源

多媒体资源是高校数字资源建设的内容之一,多媒体资源提供的信息量较多,能够吸引读者进行学习和阅读。多媒体资源能够体现学校的文化氛围和人文环境,保存具有人文历史价值的资源。

媒体用英文表示为"medium",主要有两种含义:第一种含义为媒体是用于传播信息的重要载体,例如文字、视频、语言以及图像等;另一种含义为多媒体是用于存储信息的重要载体,例如光盘、磁带以及ROM等。

多媒体用英文表示为"multimedia",是多种媒体资源的统称,包含图像、文本以及声音等媒体形式。多媒体在计算机系统中是用于交流与传播信息的人机交互式媒体,使用的媒体有影片、图片、声音以及文字等。

多媒体技术在多个领域都有应用,比如音频技术、视频技术、图像技术、图像压缩技术、通信技术等。

多媒体技术涉及的内容包括:①多媒体数据压缩;②多媒体处理;③多媒体数据存储等。

超媒体用英文表示为"hypermedia",是多媒体系统中一个子集,超媒体系统作为一种全球信息系统主要由超链接(hyperlink)构成。

然而,很多学者只是把超媒体作为多媒体定义的简单延伸。其实超媒体具有更广泛的意义,超媒体的媒介形式更加多样,包括三维立体、虚拟现实等多种媒介形式;超媒体能够实现跨媒介的链接,读者可以在信息间自由转换和浏览;个性化的场景定制,比如用户坐在家里观看虚拟现实的音乐会,让用户体验到在现场观看的效果;足球比赛结束后,会根据比赛结果推送统计分析数据。

二、开放存取信息资源

开放获取用英文表示为"open access",简称为"OA"。20世纪90年代末,社会各界包括学术界、信息传播界、国际科技界以及出版界,开始利用互联网推动科研成果的自由传播,使开放存取得以发展。建立开放存取的主要目的是解决当时出现的学术期刊出版危机的问题,推动科学信息的广泛传播,推进学术信息的交流与出版,提升其公共利用程度,并做到长期保存科学信息。

(一)开放存取信息资源的产生背景

1990—2000年,Blackwell期刊中各领域学术期刊的价格有不同程度的涨幅,其中社会人文科学领域期刊价格涨幅最高,达到185.9%,科技领域、医学领域期刊的价格也都有所增长。在期刊价格增长的同时,图书馆用于购买文献资源的资金增长速度开始放缓,甚至遭到削减。

许多图书馆因资金的限制选择取消订购一些期刊，期刊的出版商为了获得更多利润便提高图书馆购入期刊的价格，形成了学术期刊价格的恶性增长。电子期刊的出现解决了图书馆购买学术期刊的资金危机，网络技术与计算机技术的参与使学术期刊的购买成本大幅度降低。

虽然电子期刊的成本更低，但出版商为了从中获取更大的利润，对期刊进行控制。为从真正意义上解决学术期刊价格高昂的问题，20世纪90年代末，开放存取运动（open access movements）在几个领域中正式大规模兴起，包括图书情报界、国际学术界以及出版界。

布达佩斯开放存取先导计划（BOAI）认为，网络技术的出现降低了出版的成本，研究成果能获得开放存取的空间，是因为二者得到了融合。

（二）开放存取信息资源的内涵

开放获取是指研究人员将论文、专著、图书等研究成果发表在开放式学术期刊或存储在开放式知识库中，免费给用户提供检索、下载和复制。开放存取作为一种学术交流模式，是在网络环境下得以发展的，该模式既是新兴的，也是重要的，人们有时也将其称作公开获取或开放获取。

实际上，开放存取有两层含义：一层是指公众能够免费获得学术信息，从而使价格上的障碍被打破；另一层是指学术信息具有可获得性，从而使应用权限上的障碍被打破。开放存取的主要目的是推动学术信息的交流，促进学术资源的共享。

（三）开放获取资源的实现形式

开放存取期刊与开放存取仓储是推动学术信息开放存取得以实现的主要途径。开放存取期刊用英文表示为"open access journals"，为保证期刊的质量，开放存取期刊中的文章内容和传统期刊一样需要得到同行的严格评审。用户可以享受其提供的免费访问服务。开放存取期刊主要为网络电子期刊，与印本期刊相比，无论是出版上花费的成本还是在传播上花费的成本都大幅降低，其应用运行模式为由作者或机构付费出版，读者免费使用。开放存取对于重建以研究人员为中心的学术交流体系具有重要的作用。

开放存取仓储用英文表示为"open access repositories"，其存储的内容既有学术论文,又有学术研究资料,例如技术报告以及检验数据等。

开放存取仓库包括两种:一种是在学科基础上形成的学科仓储;另一种是在机构基础上形成的机构仓储。

(四)开放获取对图书馆资源建设的影响

1. 对信息资源建设产生的影响

第一,信息资源建设在开放获取的影响下逐渐向国际化与开放化的方向发展。对传统印本期刊来说,资源获取以及服务资源的过程都依靠人工,不能提供开放式服务,普通数据库也是这样进行操作。数据库的提供商为提高数据库的销量需控制用户的数量,不会提供开放式服务。

知识库与OA期刊都有独立的网站,全球用户都能在网络上使用,不会限制用户的数量与身份,并且数据会根据动态进行实时更新。以前的信息资源建设环境是封闭的,而现在由于OA期刊的创办,信息资源的建设不再有地域与国别之间的界限,资源建设工作的环境也更加开放,更加国际化。

第二,选择通过互联网在线方式出版和发行的学术期刊越来越多。网络在改变人们阅读习惯的同时,也打开了广阔的网络阅读市场。在线期刊的出版比传统出版的成本低,出版周期更短,获得的读者也更多。因此,国外许多出版商经过心理挣扎后选择在线出版。

最近几年,许多学术期刊开始开设编辑部网站,并选择出版在线期刊,过刊文章也可以直接进行全文免费检索与下载。国内学术期刊的出版已经向数字化方向转变。

第三,图书馆基础设施的不断改善。图书馆的技术设施建设都添加了知识库这一内容,并且图书馆资源建设中还添加了创建机构知识库、维护机构知识库以及机构知识库。

机构知识库在封闭式的局域网中提供有偿在线服务,机构知识库的数量受数据库销售商的控制。其收录的内容主要为机构内部的科研成果,可以长期保存、统一管理,在积累过程中能够凸显机构整体的研究水平以及研究实力。

2. 对信息资源馆藏结构产生的影响

目前我国图书馆的馆藏结构主要为两种:一种是印本文献数字化与数

据库，另一种是印本文献与数据库，这两种结构的模式分为封闭式网络与收费两种。而 OA 资源为开放网络与免费服务的模式，当用户在馆藏中进行期刊检索时，更容易选择 OA 期刊。

由于 OA 资源的稳定性与连续性，人们越来越多地使用 OA 资源，馆藏的结构也随之发生变化，资源建设重心由原来的印本资源逐渐变成 OA 资源。

3. 对信息资源共建共享产生的影响

我国为了实现资源共享，各大信息机构以及图书馆都在信息资源共建方面做了大量的工作，在某一范围内的 IP 地址中、在共建单位或在本系统中都实现了共享，例如国家科技图书文献中心 NSTL 以及中国高等教育保障系统 CALIS 等。

如果是系统内部的人员利用资源可免费浏览、下载以及打印，资源能够开放获取；如果是系统外部的人员利用资源，则需要先办理注册申请和开通账户等，但依旧是在封闭网络中获取收费服务。

OA 资源的建设理念是让人们都能平等地获取知识，不会因国家与地区的不同而被区分对待，推进了当前图书馆服务方式的变革。

OA 资源的传播方式是通过互联网进行，具有传播速度快、受众面广的优点，同时也提高了馆藏资源的可见程度。从用户的角度来看，OA 的使用不仅方便快捷，还可随时随地完成终端登录，既节约了经济成本又节省了时间成本，也不会产生侵权的问题。从著者的角度来看，可以随时随地发布作品，既能享有版权，又能够提高知名度和影响力。但是，这可能带来著者、出版商和平台之间的版权争议，如中国知网，读者的付费下载资金绝大多数流入了数据库销售商手中，著者并没有享受到应有的收益，且著者下载自己的文章也要收费。解决数字化平台的版权问题，仍然任重道远。

4. 对图书馆服务产生的影响

开放获取能够提高图书馆管理的效率和质量，而用户在互联网上就可以进行检索和查阅，也节省了图书馆的存储空间，使用户获得了优质、便捷的服务。

第四章　智慧图书馆文献资源组织与管理

第一节　文献资源建设理论与需求分析

一、文献资源建设理论

文献资源作为一种智力资源，同矿物、森林等自然资源一样，是一种能给人类社会带来巨大财富的资源，文献资源的积累成为国家建设的重要组成部分。因此，我们应十分重视文献资源建设。

(一) 文献资源建设的内涵

文献资源建设是依据文献信息服务机构的服务任务与服务对象以及整个社会的文献情报需求，系统规划、选择、收集、组织管理文献资源，建立具有特定功能的藏书体系的全过程。换言之，就是一定范围内的图书馆及其他文献情报机构对文献资源进行有计划的积累和合理布局，以满足、保障社会发展和国家建设需要的全部活动。

文献资源作为一种知识资源和智力资源，不是天然存在的，而是需要人为积累和建设的。文献资源是图书情报部门和各类文献服务机构赖以生存的物资条件，也是宝贵的人类文化遗产。现代社会，随着科学技术和社会文化的高度发展，社会的文献信息量爆炸式增长，文献信息类型多种多样。要开发和利用文献信息资源，需要将分散、无序的文献信息建设成有序的整体系统。建设是开发的前提，没有对文献信息资源的建设，就谈不上开发和利用。所以说，文献资源建设是一项极为重要的基础建设工作，也是文献情报事业的重要组成部分，也是现代图书馆学、情报学、文献学共同研究的一个分支学科。

文献资源建设一般包括两方面内容：一是各个文献情报机构对文献的收集、组织、管理、储存等工作；二是一个地区、国家乃至国际众多文献情报机构对现有文献资源的规划和协作、协调收集和收藏，形成整体资源，即从宏观上制定目标和规划，进行协调和分工，以指导各文献情报机构的文献收集工作，突出各自优势，形成比较完备的收藏，并将其作为集体资源共同享用，从而建立起一定范围内的文献资源保障体制。

(二) 文献资源建设的任务

社会文献信息资源是一个整体系统，文献情报部门收藏的文献信息是社会文献信息资源体系的基本组成部分。图书馆藏书建设实质上是文献信息资源建设，因此，文献信息资源建设工作包括宏观规划设计和微观馆藏建设两个方面。文献资源建设的基本任务应包括以下内容。

1. 确定指导思想

指导思想是一切行动的指南。文献信息资源建设工作所要达到的总体目标，是文献信息资源建设指导思想实践的必然结果。根据我国国情和我国文献资源分布的实际情况，以及文献信息资源建设所要达到的最终目的，把建立有效的文献信息资源保障体系作为文献资源建设的指导思想，就是建设有中国特色的文献信息资源保障体系，不断满足人们日益增长的文献需求。

2. 制定发展政策

文献信息资源建设工作涉及国家、地区和文献收藏机构等诸多方面，因此，制定适合我国国情、正确的文献资源建设发展政策是搞好文献资源建设工作的基本保证。文献资源建设发展政策是一个体系，其内容随着时代的发展而发展，大致包括以下内容：

（1）文献发展纲要。文献信息资源建设发展纲要是文献资信息源建设工作的基础和前提。因此，制定以学科体系为基础、资源分布结构合理的文献资源建设发展框架是非常重要的。首先要求划分文献资源的学科范围，制定一个规范统一、详略得当、学科齐全的学科框架一览表，然后根据文献内容和读者的不同需求层次，相应地划分出各学科范围文献若干层次的收藏级别，并规定各个级别所应达到的收藏目标，再结合文献的语种、类型等设计一个文献收藏结构一览表，以规划文献信息资源建设的发展。

（2）制定协调方案。文献信息资源建设工作无论从宏观建设还是微观建设来讲，都需要国家、地区之间，行业系统之间，收藏机构之间以及收藏机构内部各部门之间的协作、协调。因此，制定资源发展、合作藏书、资源共享的协作协调政策，确定文献资源合作收藏的目标、任务，以及参加协作的机构入藏文献的范围、应该承担的责任、文献的报道和共同利用等，是非常重要和关键的。在统一政策下，各文献信息收藏机构必须按照协议政策规定的权利与义务，对本机构分担收藏的文献信息进行完整入藏并承担入藏文献的报道任务，并将本机构入藏文献提供给其他单位读者利用。

（3）文献收集政策。文献收集政策是文献信息资源建设发展政策中较具体的政策，主要阐述文献收集的原则与方案，确定各文献收藏机构文献选择的标准、类别、类型、语种、载体和数量等，以及确定采访工作程序及文献交换、接受捐赠的计划等。

（4）经费分配政策。确定文献购置经费、特殊经费的分配和使用原则等的政策。

（5）文献管理政策。确定对各文献机构收藏文献的保存、加工、传递的程序与原则；确定文献保护的原则、技术标准和措施；确定文献评估政策标准和实施方案；确定文献剔除与淘汰的标准、范围、频率；确定文献信息资源储存系统的建立方案和具体运作方法等。

（6）机读数据库文件政策。在计算机编目和联机联合编目的情况下，要确定机读数据库文件政策；确定电子出版物收藏任务及获得和提供数字文献地址的途径与方法；确定机读目录格式标准和各著录项目、字段的处理细则；确定用于采访、管理、维护数字信息资源经费的数额与比例等。

3. 优化文献信息资源配置

文献信息资源建设工作中极为重要的一项任务，是优化文献信息资源配置。所谓优化文献信息资源配置，就是文献资源合理布局，根据需要有意识地控制文献收藏与分布的工作活动。具体地说，文献资源布局有两个方面含义：①按学科或按文献类型在地域空间分布的状况或形成的格局；②指导、研究建设合理、方便、经济的分布格局的设计与实际工作。为了达到文献信息资源建设的目标，需要确定一种适当的布局模式，而布局模式的确立取决于国家或地区的规模、需求状况、交通和通信条件、经济发展水平、文献信息事业的发展概况等。

4. 构建特色的文献信息资源体系

我国文献信息资源建设的目标任务之一是克服长期以来形成的文献收藏重复、雷同的问题。建立各具特色的文献信息收藏体系，是衡量各文献收藏机构文献信息资源建设水平的标志之一。文献特色收藏体系的形成，需要经过长期的努力。各文献信息机构应根据本单位所在地区的历史、地理、政治、经济和科学文化发展的显著特点与优势，根据服务区域用户的需要及本单位原有的基础，根据文献信息资源保障中心的分工安排等实际情况，选择与突出某一方面或某几个方面的专业文献作为收藏特色，并集中本单位的人、财、物等有利条件，有重点、有针对性地突出与强化这些特色，在此基础上开展优质特色服务。只有建立起各具特色的文献信息收藏体系，才能使整个体系的文献信息资源既有广度又有深度，形成"小而特、大而全"、点面结合、层次分明、分工适当、布局合理、馆际之间具有互补性的文献信息资源网络体系。

特色化的文献资源体系的主要类型有文献的地方特色、类型特色、专业特色、文种特色、载体特色、时代特色等。

5. 加强协作协调、推进共建共享

文献信息资源整体化建设和分工协调，是当代文献信息情报事业发展的必然趋势之一。当今世界是一个竞争激烈、相互制约、相互依存的世界，世界各国都十分重视文献信息资源的开发利用。然而，科学技术发展带来的"信息爆炸"，使任何一个国家、任何一个文献信息部门都不可能尽收所有的文献信息，经费的拮据和收藏空间的压力更需要各文献信息机构拆除"围墙"，分工协作，实行文献信息资源共建共享。早在20世纪初，欧洲一些国家的图书馆就已经意识到在文献采访上进行分工，在文献加工整理上进行协作，馆际之间开展文献交换、调配与互借。到20世纪70年代末80后代初，由于计算机网络技术的发展，这种文献资源共建共享的前进步伐大大加快了。

我国文献情报界之间的协作协调活动已有近半个世纪的历史，积累了很多好的经验。在社会主义市场经济体制下，在计算机网络环境下，用新的思想、新的观念、新的手段推进文献资源建设工作，用成功的经验指导馆际之间的协作协调，把文献信息资源共建共享这件大事做好，已成为文献资源建设者的迫切任务。

二、图书馆文献需求的目的与特征

(一) 图书馆文献需求的目的

图书馆是收集、整理、保存文献资料并向读者提供科学文化教育的机构。其社会意义在于方便和满足人与人之间有关知识和信息的交流，无论是现代人之间的交流，还是现代人与古人之间的交流，或者是现代人与未来人之间的交流，由于图书馆的存在，这种交流得以长久便捷地进行。

为了实现图书馆的社会意义，图书馆必须拥有完整、充分的文献资料。也就是说，图书馆文献需求的目的是满足图书馆社会作用的发挥，保障图书馆文献传播职能和科学、文化、教育职能的实现。

(二) 图书馆文献需求的特征

图书馆的文献需求与其他机构或个人有所不同，其特征是多方面的。宏观上突出的特征是专业性和选择性。

1. 专业性

图书馆需求文献的专业性表现在诸多方面。从社会分工上看，图书馆作为专业的文献收藏和提供服务的社会机构，文献需求的数量、品种、专业化程度等是其他任何机构所不能相比的；从图书馆类型上看，图书馆在适应社会对文献需求的过程中产生了不同类型、不同规模、不同服务功能的所谓专业化图书馆，这些图书馆对文献需求有着自身专业的特定要求；从单个图书馆来看，不论类型或规模如何，对文献的需求都表现出了专门性、系统性和完整性特征。

2. 选择性

图书馆文献需求的选择性表现在图书馆要选择有价值的文献和与需求相适应的文献上，这种选择性反映了图书馆文献需求的价值取向。人类在生存和发展的历史长河中，产生了难以计数的各种文献。图书馆不论过去、现在还是将来，都不可能也无必要收藏人类社会产生的所有文献。为此，图书馆必然要对社会文献进行选择。图书馆选择文献是人为的工作，自然带有社会的烙印。在社会主义条件下，图书馆需求的文献是有利于社会主义物质文明和精神文明产生和发展的各种文献。

图书馆要实现自身的社会职能，必须使收藏的文献被读者所使用。也就是说，馆藏文献的使用是图书馆文献需求的最高原则。为此，图书馆的文献采访必须选择读者需求的各种文献。读者不需求或者不能被读者所使用的文献，是图书馆不需要的文献。

三、各类型图书馆的文献需求

(一) 国家图书馆及文献需求

国家图书馆是由国家建立的负责收集和保存本国出版物，担负国家总书库职能的图书馆。国家图书馆从向公众提供文献情报服务来看，属于公共图书馆之列，但从文献收藏规模之大、收藏文献品种之全、相应社会职能广泛等方面来看，国家图书馆与一般公共图书馆有着明显的区别。

1. 国家图书馆的职能

国家图书馆的主要职能大体上可归纳如下：

(1) 国家文献资源中心。国家图书馆通过完整、系统地收集、整理和保存本国文献，使之成为本国文献情报的最终保障基地；通过对国外文献有重点地、积极地收集，形成丰富的外文馆藏，满足国内教学、科研的需要。

(2) 国家书目中心。国家图书馆因其丰富的馆藏和本国文献收藏的完备性而成为国家书目中心。国家图书馆通过编印国家书目、编制回溯性书目、编印统编卡、编制联合书目等体现这一职能。

(3) 科学情报服务中心。为科学研究提供情报信息服务，是国家图书馆的重要任务之一。国家图书馆一方面加大科学情报源的收集，另一方面设立专门阅览、参考室，开展文献的复制、复印，提供参考咨询、书目索引等服务，以满足社会对科学情报的需求。

(4) 资源共享、馆际协作中心。资源共享的最高目标，是在全世界范围内实现文献的广泛流通，而馆际协作是实现资源共享的有效方法和手段。国家图书馆由于全面收集和保存本国出版物，以及大量收集与本国有关的国外出版物，因此在资源共享和馆际协作方面担负着重要职能。这种职能反映在国家图书馆担当的馆际互借、国际书刊交换、外事交流、合编书目等方面。

(5) 图书馆现代化、网络化的枢纽。图书馆现代化、网络化主要指现代通信技术、电子计算机技术、文献缩微技术、文献复印与数字化技术在图书馆中的应用。国家图书馆负有组织图书馆现代技术装备的研究、试验、运用和推广的责任，同时建立以国家图书馆为核心的图书馆网，使全国居民都能通过该网获得所需要的各种文献资料。我国国家图书馆正在建设的中国数字图书馆国家中心正是这一职能的体现。

2. 国家图书馆的文献需求

国家图书馆因其社会职能而对社会文献的需求极为广泛和全面，主要有以下几个方面：

(1) 国内出版的所有文献资料，包括各个语种、各种类型的出版物。不仅要全面收集印刷型文献，还要收集非印刷型文献，如磁带、光盘等。

(2) 国外出版的有关本国情况的各种文献资料。

(3) 国际以各种语种出版的有关世界的过去、现在和未来发展的各种文献，以及反映现代科技前沿、各主要学科先进水平的各种文献。

(4) 与本国教学、科研、参考咨询相关的大型数字库。

(5) 国家图书馆在国家文献保障体系中有着重要地位和独特作用，所以采访工作量大、专业面广、技术要求高。在文献的选择方面，对于国内出版物要求尽可能收全；对于国外出版的外文文献，要有目的、有重点地精选。如我国国家图书馆(北京图书馆)，对外文文献按照全面、重点、适当、不宜采选四个等级进行采选，首先考虑适合党政军领导机关、科研部门和重点生产建设单位等主要服务对象的需要；对国际机构和外国政府出版物尽力采集，使之成为本馆馆藏的一个重点。在文献的获取方面，实行呈缴本制度，积极开展文献的国际交换。呈缴本制度保证了国家图书馆能够系统、全面地收藏本国的出版物，从而形成大规模藏书，使国家图书馆能够成为名副其实的国家总书库。国际文献交换是补充国家图书馆馆藏的重要方法之一。通过国际文献交换，不仅可以获取一些难得的文献资料，同时还起到了增进各国人民之间相互了解和加强友谊的作用。

(二) 公共图书馆及文献需求

公共图书馆是由国家中央或地方政府管理、资助和支持的，免费为社会公众服务的图书馆，它既为一般群众服务，也为特定读者服务，如儿童、工人、农民等服务。在美国、加拿大等国家主要指社区或地区图书馆，一般根据州或市的有关法令进行设置，由当局批准任命的地方图书馆管理机构负责管理，经费主要来源于地方政府的税收。在苏联，公共图书馆包括国家图书馆，各加盟共和国图书馆，州立图书馆，城市、农村图书馆和儿童图书馆等。在中国，主要指由国家和各级政府举办、为广大人民群众服务、按行政区划设置并受政府各级文化部门领导的图书馆，包括国家图书馆，省、直辖市、自治区图书馆，地区、市、州、盟等行政区图书馆，县（区）图书馆，乡镇图书馆，街道图书馆，儿童图书馆等。

1.公共图书馆的职能

公共图书馆担负着为科学研究服务和为大众服务两大任务。在促进国家政治、经济、科学、文化、教育事业的发展，提高全民族科学文化水平方面发挥着极为重要的作用。与其他各种类型的图书馆相比较，公共图书馆更接近最大范围的普通读者。对大多数读者来说，公共图书馆有着比其他类型图书馆更加有效的教育作用。因此，公共图书馆是各类型图书馆中的骨干力量，在整个图书馆系统中占有重要地位。公共图书馆的职能可概括为以下几个方面：

（1）国家版本和地方文献的收藏中心。各级公共图书馆都担负着收集和保存国家重要出版物副本，尤其是地方文献的任务，成为地方文献的重要收藏中心。

（2）国家书目中心。负责编辑和出版各种藏书目录和索引，为广大读者提供书目服务。

（3）文献借阅中心。对公众开展流通借阅和馆际互借业务。

（4）文献情报中心。积极开展情报工作，为科学研究和生产服务。

（5）文化教育、娱乐中心。通过各种方式，为读者提供文化教育、自学、娱乐活动所需的图书资料和场所。

（6）业务辅导中心。大型公共图书馆对本地区各类型图书馆（室）承担业务辅导职责。

（7）协作协调中心。大型公共图书馆应成为本地区各类型图书馆之间，本地区与其他地区图书馆之间，在图书资源、图书馆服务方面的协作与协调中心。

2. 公共图书馆的文献需求

公共图书馆的馆藏大多是综合性的，通常建有地方文献的专藏，一些大中型公共图书馆常设有分馆。服务对象广泛，包括各种职业、各种年龄和各种文化程度的读者。许多国家有专门的公共图书馆法，保证公民可免费获得图书馆提供的多种多样的服务，包括文献外借、阅览服务、参考咨询、文化活动(文献展览、报告会、讲座、电影、音乐会等)，以及为老年人、儿童和残疾人提供的专门服务等。有些公共图书馆还对边远地区的读者开展流动服务。在我国，公共图书馆担负着为科学研究服务和为大众服务的双重任务。其中省、市、自治区图书馆是所在省、市、自治区的藏书、目录、馆际互借和业务研究、交流的中心，还对中小型图书馆提供业务辅导。县图书馆多为本县工人、农民、乡镇居民和少年儿童服务。大、中城市图书馆的主要任务是为城市人民群众服务，主要服务对象是城市中的各阶层居民。有些大城市的区图书馆藏书数十万册，在开展馆内流通阅览的同时，还到街道、社区开办借书站和流通点，把书送到基层，并协助和指导街道图书馆(室)建立城市基层图书馆网。

(三) 高等院校图书馆的文献需求

高等院校图书馆指大学图书馆和学院图书馆。这类图书馆为本校的教学和科研服务，是高等学校的文献情报中心。由于高等院校的多样性，如综合性大学、多学科性文科院校、理工科大学、专科性院校等，各高等院校图书馆的规模、服务项目、现代化程度等都有差异。但就其性质来说都是相同的，那就是高等院校图书馆不仅是一个服务性机构，而且是一个教学与科学研究的重要学术性机构。完备、高效的图书馆已成为建设现代化大学的必要条件。

1. 高等院校图书馆的主要职能

(1) 根据学校的性质和任务，采集、组织、收藏各种形式的文献资料，为教学、科研提供文献资源保障。为教学和科学研究服务是高等院校图书馆的工作重点。高校图书馆的文献组织、管理、服务工作紧密围绕着本校的专业设置、培养目标、教学计划、科研项目进行，以满足教学和科研对文献信息的需求。

（2）开展情报服务工作。情报服务是高等院校图书馆的一项重要职能。高校图书馆一方面开展读者教育，培养师生的情报意识和利用文献情报的技能；另一方面开展参考咨询和情报服务工作，开发文献情报资源。

（3）素质教育的阵地。高等院校图书馆不仅拥有丰富的专业文献，而且采选有利于读者全面发展的各种优秀出版物，使图书馆成为学生的第二课堂，成为对学生进行素质教育的重要阵地。

（4）全校文献信息中心。高校图书馆作为全校的文献情报中心，不仅拥有数量众多的文献情报和多样化的服务功能，而且还拥有统筹、协调全校文献情报工作的能力。一般高校的系（院、所）都设有资料室，为本系师生服务。学校图书馆与各系（院、所）资料室组成了一个较为紧密的全校文献情报网络。校图书馆在这个网络中起着中心和指导作用。

2. 高等学校图书馆主要任务

高等学校图书馆是设在高等学校内，主要为本校师生服务的图书馆。根据本校教学和科研需要，收集、整理各种文献信息资源，使广大师生能够更好地利用它们，并且兼有学术性和服务性，是学校的文献信息资源中心。高等学校图书馆的主要任务有以下几个方面：

（1）根据学校的性质和任务，有选择地采集各种类型的文献信息资源，用科学的方法对它们进行分类编目与管理，为教学、科学研究提供文献信息资源。

（2）以教师和学生为主要服务对象，提供多种信息服务。主要有图书借阅服务，为教师指定参考书并设有专门的教师阅览室，同时还为师生建立一个开放式的网络化环境。

（3）开展用户培训教育，培养师生的信息需求意识和利用文献信息的技能。我国现在有条件的大学都为学生开设了《计算机文献信息检索与利用》课，还为师生举办有关计算机方面的知识培训，教授他们如何利用计算机上网查找文献信息资料，使读者提高了查找文献信息的能力。

（4）开展馆际协作活动。

（5）开展培训图书馆馆员业务学习。

（6）统筹、协调全校的文献信息资源工作。

3. 高校图书馆文献需求的特点

（1）经费充足，采集工作量大。高等学校对图书馆的建设一般都比较重视，文献资料作为高校办学的三大支柱(师资、教学设备、文献资料)之一的认识逐步得到了强化。高等学校图书馆的现代化含量高于全国图书馆的整体水平。高校图书馆的文献采购量较大：①适应高校各专业设置的需要；②学生读者需求量大；③文献使用率较高，缩短了文献更新和补充的周期；④学校对图书馆较为重视，采购经费较充裕。

（2）读者稳定，计划性强。高等学校图书馆的读者对象主要是学生和教师，读者需求相对稳定。由于高校的教学任务主要是向学生系统地传授专业知识，其课程、内容、体系等相对稳定，而专业设置和教学计划也有一定的稳定期，因此读者对教学参考用书的品种和数量的需求也比较稳定。这种稳定性要求图书馆的文献采集工作须提高自身的计划性，合理安排采集文献的品种、数量和时间，以适应和满足教学进度的要求。

（3）文献专业性、学术性要求高。高等学校图书馆的一切工作都围绕着本校教学和科研这个中心，对与本校所设置的专业相关的文献全面进行采集，对相关学科和边缘学科文献重点进行采集，对一般文献适当进行采集。高等院校图书馆还非常重视对某些基础理论、尖端科学和不同学派、不同观点学术著作的采集，更重视专业性期刊的采集。

（四）中小学图书馆及文献需求

1. 中小学图书馆的职能

（1）收集适合少年儿童阅读的各种类型的文献资料，并对其进行评价、选择、制作和组织，以满足学生对文献资料的需求。

（2）为教师提供各种教学参考资料，为提高师资自身素质和教学质量做好文献资料的保障工作。

（3）组织学生开展群众性读书活动，帮助学生掌握和利用图书馆的知识，培养学生的情报意识，提高学生的自学能力。

2. 中小学图书馆的文献需求

（1）完成学校教学计划和教学大纲所必备的文献资料。

（2）满足学生课外阅读、扩大学生知识视野、提高学生自学能力的文献资料。

（3）增强师资专业知识的文献资料。

3. 中小学图书馆的文献采集特点

（1）适应性。中小学图书馆的文献采集要根据青少年和儿童的兴趣和年龄特点，选择生动活泼、内容广泛、形式多样的读物。不但要采集印刷型资料，同时也要采集直观性强的声像资料。

（2）引导性。中小学图书馆在引导学生多读书、读好书，训练学生广泛利用图书馆资源，培养学生利用图书馆的习惯等方面担负着重要的责任。其选择文献的引导性十分明显。

（3）规范性。中小学图书馆是中小学校教育事业的组成部分。由于中小学教育是按照国家制定的标准和规范进行，因而中小学校图书馆也比较容易标准化和规范化。在文献采集方面，对采集文献的内容、人均拥有文献的数量等都有相关的要求。中小学校图书馆要努力达到相关的标准和要求，以满足和保证教学的需要。

第二节　文献资源的收集与标引

一、文献采集反馈信息的收集

经过书目、书摘、书评和书展等多种渠道的集中与整理、宣传、传递，文献出版发行信息在图书馆的文献采集工作中已易于及时被捕捉和利用。相反，图书馆的读者需求信息与馆藏状况信息，虽然始于图书馆服务对象及其自身，却难于全面、准确把握、利用。这是因为，读者需求信息与馆藏状况信息的内容纷繁复杂、流动隐蔽，又往往需要通过参考阅览、图书典藏等部门的传递最终到达文献采集人员手中，这就造成了其分散、不易捕捉、传导间接的特点。但由于读者需求信息和馆藏状况信息是保证文献采集科学决策的重要依据，是保证图书馆藏书结构合理的基本前提，所以，要求文献采集人员必须发挥主观能动性，积极配合图书馆其他部门及时收集整理读者需求信息和馆藏状况信息；同时，文献采集人员需要努力提高文献采集的业务水平，只有自身具备了较高的学识，才能科学分析、合理利用读者需求信息和馆藏状况信息。

读者需求信息和馆藏状况信息同属于文献采集信息的反馈部分，二者不仅分类基础相同，而且传递方式也一样，所以，二者的收集整理方法也具有许多相同之处。这里，我们先介绍收集整理读者需求信息和馆藏状况信息相同的基本方法，然后再分别介绍二者各自的特点。

(一) 文献反馈信息收集的一般方法

1. 实地观察法

实地观察法是深入被调查的对象中，通过直接观察得到被调查对象的初步印象，然后再反复进行分析研究，从而得到被调查对象的基本情况，如到参考阅览与图书典藏部门，可以直接观察到读者阅读倾向与馆藏图书的利用情况。实地观察法的优点是收集到的信息及时、直接，有效克服了文献采集信息反馈辗转传递的不足。

2. 统计分析法

统计分析法是通过对收集的数据进行统计分析获取有关信息，能够最终取得对分析对象规律性活动的认识，如对馆藏做细致的分类统计，再结合读者借阅各类文献的统计，所取得的分析结果就是指导文献采集的重要信息。统计分析法的优点是统计结果比较客观，人为因素能够被较有效地克服。

3. 座谈访问法

座谈访问法是通过会议座谈或个别访问等直接交流方式收集信息。这种方法由于是直接面谈，不仅能够较快、省力地获取调查结果，且调查可以根据需要不断调整、深入，是比较方便、灵活的信息收集方法。

4. 表格提问法

表格提问法是根据调查需要，将调查事项设计成表格形式并发给被调查者逐项回答，以此获得所需的资料，如将馆藏图书分为若干类别，再把读者需求或拒借率分为几个等级，根据被调查者的回答结果就能分析出读者需求与馆藏状况的信息。表格提问法的结果在很大程度上会受到表格设计者与被调查者文化水平、心理素质等各方面因素的影响，因此，在准备调查前必须充分考虑好如何克服这些人为因素的不利影响。

5. 读者推介法

读者推介法是由图书馆文献采集人员设计一种表格，即读者推介单，内容有书名、著者、出版地、出版者、出版时间、文种、单价等。表格可直接发给有关读者填写，也可放在图书馆借阅部门、参考咨询部门由读者自取，自由填写他们需要、文献出版部门已出版或正在出版、图书馆缺藏或暂时没有的图书(指图书馆已经预订但还未到馆的图书)。

(二) 读者需求信息的收集

图书馆的读者需求，是图书馆与读者相结合的内在联系。图书馆的文献采集是为读者需求所驱动，以满足读者需求为目标而开展的。图书馆的读者需求取决于读者自身情况与读者外部环境：读者自身情况主要是指读者的职业状况、文化层次、年龄特征等；读者外部环境主要是指社会热点、文献出版动态等对读者阅读倾向产生广泛影响的社会因素。读者自身情况是读者需求的内因，对读者需求起着决定性作用。读者外部环境是读者需求的外因，外因虽然不能对读者需求的基本取向起决定性作用，但也直接影响着读者的需求倾向。

任何一个图书馆的读者，都是由特定范围、特定数量、特定类型、特定成分的群体构成的，各级各类的图书馆，有不同的读者群。相对而言，公共图书馆的读者群最为复杂，专业图书馆的读者群则比较单纯，高等院校图书馆的读者群介于两者之间。

专业图书馆的读者需求与其读者所从事的研究紧密相连，所以，文献采集人员只要密切注意读者的研究方向就能基本掌握读者的需求。高校图书馆最主要的目的是为学校教学活动、学校科研活动提供资源方面的服务，面对的读者主要是在读的本科生、硕士研究生、博士生以及学校的教师。因为读者属于不同的群体，所产生的需求也是多种多样的，但考虑到高校在专业设置课程、安排科研项目研究方面基本保持稳定，图书馆文献采集人员可以从学校的管理机构获取这些决定着读者基本需求因素的信息。

读者外部环境对图书馆读者需求的影响是不容忽视的，特别是文献的出版发行往往与社会关注的热点相伴而行，这就形成了对读者需求产生巨大影响的声势。然而，受社会热点影响形成的读者需求往往不是读者自身情况的要求，所以这种需求持续时间短、易变化。在文献采集过程中采集人员应对其保持清醒的认识，不要受其影响而偏离采集目标。

(三) 馆藏状况信息的收集

图书馆的文献采集工作，按程序在审查圈选了征订书目后，文献采集人员必须将所审查圈选的文献与图书馆馆藏目录进行核对"查重"。所谓"查重"，是通过馆藏目录检查核对本馆以前是否订购过某种书刊以及订购过多少册，以避免不必要的重复，便于控制书刊的复本量，保证订购数量与质量，节约文献购置经费。显然，查重是文献采集人员利用图书馆目录掌握馆藏状况信息的基本方法之一。由此可以看到，掌握馆藏状况信息是文献采集必须遵守的基本要求，只有掌握了馆藏状况信息，图书馆馆藏原有的目的和体系才能够得到保持和发展；相反，脱离了这一基础，就会导致采集的文献不符合图书馆馆藏的要求。

在文献采集的过程中，利用馆藏状况信息指导文献采集的方法很多，查重不过是日常采集工作中最基本的一项准备，按照藏书结构制定的科学比例要求选择文献，才是全面利用馆藏状况信息指导文献采集最重要的措施。

藏书结构指的是图书馆根据读者的需求以及本馆的发展目标所设置的，不同收藏级别图书在本馆的比重以及构成，是整个图书馆为自身藏书设置的框架模式。也就是说，图书馆的藏书结构对本馆图书的采集重点、数量、比例、范围都有明显的制约。它不但影响着图书馆藏书布局、藏书排列、藏书组合，除此之外，还会对图书馆藏书管理工作当中的藏书开发与利用、控制与调节产生影响。虽然图书馆的藏书结构是图书馆为自身藏书设置的一个框架模式，但这种框架模式不是脱离原有馆藏基础设计的空中楼阁。相反，任何藏书结构都是在原有藏书结构的基础上，规划未来藏书结构的深度，将原有藏书基础与未来藏书深度科学结合起来。显然，要将原有藏书与未来采集目标成功结合，首先需要摸清原有藏书成分中各学科出版物在文献类型、中外文语种、水平程度等方面的品种数量及其比例关系，掌握原有藏书基础、优势与薄弱环节；查明现存藏书的实际水平、已经达到的实际级别等。

二、文献资源的标引

文献标引是依据一定的文献标引规则，根据文献的学科内容和文献的其他特征，对文献进行主题描述，赋予文献特定检索标识的过程。[①]

文献标引工作是建立文献检索工具和检索系统的基础和前提，对文献检索和利用具有重要的意义。众所周知，文献机构是在信息收集的基础上，通过整序、存储，建立文献检索系统为用户提供服务。其中，建立有序的文献集合是有效发挥文献资源作用的关键环节之一。文献标引指的是通过图书馆标引人员的操作，让原来混乱的文献变成有序状态的过程。这样文献单位就可以对所有的文献进行组织和分类，最终构建文献检索系统。在文献检索系统当中，用户只需根据文献特征输入相应的关键词就可以对系统当中的文献进行检索。工作人员在对文献进行特征赋予时可以选择的特征有文献名称、文献著作者名称、文献编号等，除此之外，也可以选择和文献内容有关的特征作为标识，如分类号和主题词。后一途径可以据以从所需要主题内容的角度查找文献，是开发利用文献资源更加有效的形式。其中，分类标引被很多文献单位选作文献组织的参考依据，可以说，它对文献单位工作的开展有直接影响。

(一) 文献标引的程序

分类标引以及主题标引必须建立在主题分析的基础之上，而且还要进行标识转换，可以说，分类标引和主题标引是非常复杂的智力劳动。标引工作有固定的操作程序，操作程序的固定主要是为了保障工作质量。文献标引工作一般包括下列基本步骤：查重—主题分析—查表选词—确定标识—复核。

1. 查重

所谓查重，是指查核所处理的文献是否为已进行过标引的复本，以便区别情况分别进行处理。科技文献部门的文献资料一般很少重复，因此这一程序一般可以省略。如果处理的对象为图书，则必须严格遵守这一步骤。查重通常依据文献单位的公务书名目录进行。对于机编 MARC 记录来说，则可以通过题名、ISBN 号、责任者、分类号、主题词等多种途径进行查重。

---

① 刘秉文，王志国，李志勇. 现代文献信息资源建设 [M]. 呼和浩特：内蒙古人民出版社，2008：141.

2. 主题分析

如果对文献的内容进行标引、反映文献的主题，就需要分析文献的具体内容特征。一般情况下，进行主题分析利用的是概念分析的方式，除分析文献的主题对象之外，还要分析文献的类型以及构成成分，将可以反映文献主题的概念概括出来。

分析文献主题可以参考文献名称、文献前言、文献摘要、文献简介或者文献后面列出的参考文献，还可以对文献出版时间、出版社等信息进行分析。除此之外，如果主题分析有需要，也可以进行全文阅读，绝对不可以只利用文献名称确定文献的主题。

3. 主题概念转换

主题分析得到的主题概念是以自然语言的方式加以表达的，必须以特定的分类表和主题词表为工具，将析出的主题概念进行转换。如果运用等级列举式分类表转化概念，就需要从文献内容、对象、讨论的学科角度出发，逐层进行主题分析，最终将文献划归到与其对应的类目当中。这种方法要求工作人员掌握有关类目结构的基础知识。

把叙词表作为基本工具进行查表选词或者概念转换的时候，如果主题概念比较复杂，需要使用两个或者两个以上的主题词。多个主题词的组合，其标引精度高，转换过程复杂，要求遵守一定的程序和方法。一般应在了解词表各个组成部分和功能特点的基础上，依据查词途径和相应的规则进行转换。

由于目前我国使用最广的分类法是《中国图书馆图书分类法》，使用最为普遍的主题词表是《汉语主题词表》。为便于对标引方法进行说明，本书对分类标引和主题标引的介绍，一般将依据《中国图书馆图书分类法》和《汉语主题词表》进行。

4. 确定标识

在通过分类标引确定文献的所属类目之后，还需要根据类目的类型给予文献相对应的分类号。如果号码是根据文献的主要内容得出的，那么该号码即为主要分类号，既可以应用在组织文献排架当中，也可以应用于编制分类检索工具中。如果号码是根据文献的次要内容得出的或者是根据析出内容得出的，那么这样的号码叫作分析分类号或者附加分类号，只能在编制检索工具当中应用。如果号码配置要求进行复分或仿分，则必须根据号码组合的要求进行号码配置。

主题标引由于采用的是叙词表，在将主题概念转换成相应主题词的情况下，一般应进一步根据文献主题情况和检索系统特点对标引词进行处理，包括对标引词分组、确定主题标识。

多主题文献一般应将不同主题的标引词分成若干组。如"大豆播种和小麦育苗"这一并列主题，经过概念转换后，可分"大豆""播种"和"小麦""育苗"两组，以避免出现"小麦—播种""大豆—育苗"这样的错误组配形式。

对主题词分组的同时，建立手工检索工具的单位，还应根据手工检索的需要，拟定标题。一般应选择具有独立意义的主题词，根据其他词与主标题的关系确定标识词序。建立机械检索系统的单位，则可以根据一定的机读格式要求，将主题数据输入计算机。

5. 审核

在文件标引工作正式结束之前，需要审核所有的文献标引结果。具体来讲，涉及以下四个方面的内容：首先，审核主题概念的正确性，审核主题概念是否按照分类标引以及主题标引的要求提炼，是否满足当前标引方式的要求；其次，审核概念转换过程当中，类目确定是否正确，号码配置是否与文献内容相吻合，主题词是否能够精准反映文献主题概念；再次，审核标识转换与主题标引规则是否一致；最后，审核主题标识拟定与检索工具提出的要求是否一致。通过上述审核工作，可以在一定程度上避免标引误差的存在。

文献审核完成之后，还需要考虑文献组织环节的需求，对同一个类别的书籍进行顺序排列，确定每一本书的书次号。在开展审核工作的时候，为了提高标引质量和准确性，应该选择标引水平比较高的工作人员从事审核工作。

(二) 文献标引的质量控制 (测评)

文献标引是建立检索工具的关键环节，直接影响检索效果，十分重要。衡量标引工作的质量涉及多种因素，主要包括以下几种。

1. 准确性要求

准确性指对文献主题内容的揭示要准确；对文献主题概念的转换要准确；要求标引的文献内容和检索标识相符合。准确性包括以下两个方面。

一方面，主题分析的时候，必须精准对主题内容进行分析，将主题内容提炼出来。需要注意的是，主题概念的提炼应该和文献当中的文献主题概念保持一致。

另一方面，在分析完主题概念之后，要进行准确转换，将主题内容精准反映出来。不允许检索标识与主题内容完全不相符或不相关，否则就是标引不准确。

如果在上述两方面出现问题，就会造成漏检或误检，直接影响检索系统的检全率和检准率。要使标引结果符合上述目标，要求对文献主题内容有一定的分析和判断能力。

2. 网罗性要求

网罗性指的是"标引深度"，具体来讲，指的是文献当中的所有主题概念经过转化变成检索标识之后所达到的完备程度。标引的网罗度也称适度性和穷举度，具体表现为标引的数量多少。在后组式检索工具中，通常指一篇文献被赋予检索标识的数量；在先组式检索工具中，则是指一篇文献占有的平均分类款目或主题款目数量。标引深度是根据对文献主题内容揭示的广度衡量标引质量的一个因素。较高的标引深度有助于提高检全率，但会影响检准率。因为提高标引深度后，必然会涉及文献未做重点论述的次要主题，从这些主题角度检出的文献包含该主题的信息量较少，从而影响检准率。反之，降低标引深度，可以提高检准率，但必然会影响检全率。因此，关键是应当采用适当的标引深度。不同检索系统应当根据其设备条件、系统种类、文献类型、服务需要等，规定相宜的标引深度。机械检索系统容量大，组配灵活，宜采用深标引；手工检索工具受检索手段的限制，宜采用浅标引，分类检索系统大多采用先组方式，对主题揭示的数量一般应有一定限制；主题标引适宜使用后组方式，往往可以根据检索需要采用较高的标引深度。专业文献单位通常对专业文献进行详尽标引；综合性文献单位则常在对一般文献概括标引的同时，有针对性地对某些学科或文献类型适当进行深度标引。

标引网罗度和标引专指度相互联系，但有所区别。标引网罗度以及标引专指度，共同代表了标引深度。如果标引深度不足或者标引深度过高，那么检索效率就会受到不良影响。所以，对于标引单位或者标引检索系统来讲，应该充分考虑本单位的用户需求、设备条件、标引语言以及文献类型的特点，在此基础上设定适合、合理的标引深度。如机检系统宜采用深标引，手检系统宜采用浅标引；专业单位对专业文献宜深标引，对非专业文献宜浅标引。标引具体到一篇文献时，还应根据其文献价值决定适中的标引深度。

3. 专指性要求

专指性也可以叫作专指度，它反映的是主题标识和主题概念之间的吻合程度。它可以从主题概念反映精准程度，对标引质量做出衡量。如果专指度比较高，那么检准率也会比较高，用户也可以更好地查找一些特定文献。相反，如果降低专指度，使用概括的标识对文献进行标引，用户就必须在概括类目或主题范围内进行查找，必然要花费更多的查找时间。当然，过分专指也会增加标引的难度，造成文献分散，影响检全率。因此，检索系统一般应保持适当的专指度。在进行受控标引的情况下，这一专指度通常是通过类表或词表以及标引方法加以控制的。一般情况下，应在主题分析的基础上，使用类表及词表中最确切的类目或主题词进行标引，以确保系统要求的专指度。

4. 一致性要求

一致性指的是标引人员对某一主题内容的文献标引的一致程度。它可以是不同标引人员对同一个文献进行标引时体现出的一致性，也可以是处于不同时间点的同一个标引人员对某一个文献进行标引时体现出的一致性。如果一致性提高，那么对于同一主题的内容文献来讲，它的检准率和检全率也会得到有效提高。常见的对标引一致性的测度为配对测度，即两个标引员的标引一致度，是将两人对同一文献共同标引的主题词数与两人使用的标引词总数进行对比。即：

一致度 =AB 两人标引使用相同的词数 /AB 两人标引所用总词数

按照这一公式，如 A、B 两人分别用 abcdef 和 abcdgh 等主题词标引同一文献，则其一致度为：abcd/abcdefgh=4/8=0.50

一致度的最高值为 1，但实际上很难达到。这一方法也可以用来计算同一标引员标引的一致性。

提高标引的一致性，可以提高查全率、查准率和检索的方便性、规律性。但是，标引过程当中有很多因素会影响标引一致性，如标引人员自身的水平、不同环节标引人员的处理、标引语言的特征等。所以，只能针对标引不一致产生的原因进行改进，然后慢慢地提高标引的一致性水平。

5. 适用性要求

适用性指的是标引应该符合当前检索系统的特征，应该吻合用户提出的需求。文献单位可以根据自身情况对标引内容进行一定的取舍，专业的文献单位在进行标引内容设定时，会要求充分反映专业相关内容，使用专业性的逻辑或者方式对标引内容进行组织。当设备条件不同的时候，标引要求自然也会随之变化。一般情况下，分类标引适合于对文献采用整体性标引，必要时才以分析标引的方法对文献涉及的主题内容进行比较充分的揭示。手工检索系统通常必须对标引深度进行适度限制；机械检索系统则应根据系统特点进行充分揭示，必要时还可以采用职能符号、加权等手段，以达到较好的检索效果。

从上面的分析可以看出，标引质量的管控手段非常多样，如之前提到的准确性、一致性、专指性、适用性以及网罗性，都可以有效控制标引质量。而且，这些性质和检索系统本身的特征也存在着紧密的关联。所以，标引需要充分考虑检索系统的特征，在此基础上确定标引结果。只有这样的结果才是准确、合适的，才是有价值的。想要实现标引结果的价值性、准确性、适用性，就需要按照检索系统的主要特征建设适合的标引规范、标引方法体系。

(三) 文献标引规范控制与管理

为了保证文献标引的质量，文献单位一般必须对文献标引进行有效的控制和管理，包括确定标引规范和标引方式，严格遵守标引工作程序，选择适用的标引人员等。

1. 标引工具的选择

标引工具的选择有两个来源：①从现在已经出版的标引工具中选取；②根据文献单位的特点和使用需要自己编制。

（1）分类标引工具

分类标引工具的选择是整个文献单位工作的基础。文献分类表的使用涉及文献的组织和检索工具的建立，要求比较慎重；同时，编制新的分类体系对编制者的专业素质素养要求也比较高，有一定难度，一般可考虑从已有分类体系中选择适用的分类表；主题词表则由于使用灵活、动态性强，可以根据文献单位的情况确定选择适用的词表，还是采用自己编制的方法。

从已有的分类体系中选择一种适用的分类表，是文献单位采用的一种比较通行的做法。我国目前使用较广的综合性文献分类法主要有《中国图书馆图书分类法》《中国科学院图书馆图书分类法》两种。

(2) 主题标引工具

主题标引工具的确定，也可以采用从已有词表中选择的方法。目前国内已编制的叙词表数量已超过100种，其中多数为专业词表，也有相当数量的多学科词表。在众多已有的词表中，影响最大、使用最广的是大型综合性叙词表—《汉语主题词表》，以及在《汉语主题词表》叙词与《中国图书馆图书分类法》类目对应的基础上编制的《中国分类主题词表》。确定主题标引工具的另一种方法是根据文献标引的需要编制新表。一般可参考我国叙词表编制的有关标准，对叙词的选择做出规定。同时，可以将《汉语主题词表》以及相应领域的词表或其他权威词典等作为可靠的词汇来源，根据标引需要对词汇进行选择和处理，建立基本的词汇集合，作为标引依据；并以此为基础，在主题标引的过程中不断对词汇进行调整和增补，逐步建立适合本单位文献集合的词汇表。这种方法一般适合于专业文献单位使用，但要求编者熟悉相应专业，对叙词表的编制知识有充分了解。

2. 标引规则的制订

标引规则是保证文献标引一致性、适用性的重要条件。在确定标引工具的同时，还必须根据文献单位的标引要求，制定相应的标引规则。

(1) 应确定标引工具使用的规范。文献单位选择的标引工具通常根据文献单位的一般情况编制。与特定文献单位的标引需要相比，其组织方式、类目或词汇的专指度等，不一定适合实际需要，因此应根据检索系统的使用要求适当调整，明确规定有关类目及叙词的具体使用方法，必要时可对系统中的各个相关部分——予以修改，做好相应记录，作为标引时实际使用的依据。在此基础上，逐步将其发展为适合特定文献集合的标引工具。

(2) 制定相应的标引规则。在选定标引工具和明确标引范围后，还应根据文献单位文献标引的特点，明确制订相应的标引规则，包括各种文献类型的标引规则和各种学科或主题类型的标引规则，使标引有章可循。

（3）制定特殊要求的标引规则。专业文献单位的文献标引，有时还有其特殊要求，应根据专业检索系统的需要，加以明确规定，使标引结果符合检索系统的特点和用户的检索需要。

3. 标引人员必备的素养

文献标引工作的工作难度比较大，专业性要求比较高，所以这项工作的开展需要选择合适的、专业水平和技术水平都比较高的标引人员。一个合格的标引员必须具备下列基本知识和素养：

第一，熟练的业务技能。文献标引员必须熟悉运用标引工作需要使用的工具，而且必须了解分类表、主题词表的工作原理，了解它们的组成结构。只有这样，才能正确运用这些类表以及词表的功能，能按照检索系统的要求，有效从事各项标引操作，并能在使用过程中根据情况对类表和词表及时调整和维护。此外，标引人员还应该加强图书馆学、情报学、文献检索学等方面知识的学习和累积，让自己的业务水平不断提升，形成更高的标引能力。

第二，合理的专业知识结构。文献是科学知识的记录和总结，尤其是科技文献，像学科专著、学术论文、专利文献、科研报告等文献，都是很专深的学术论著，没有一定的学科专业知识，很难把握文献内容、文献主题、学科地位和学科作用等。因此，标引人员应具有一定的所标引文献专业的学科知识，了解有关领域的层次主题结构以及基本关系类型。除此之外，标引人员还要不断拓宽知识广度，研究和标引有关的其他领域的知识学科，关注其他有关领域的发展动态，掌握新技术、新知识、新方法。只有这样才能够更加自如地对多种多样内容的文献进行处理。

第三，充分掌握检索系统。标引人员应该充分了解、掌握检索系统特点和用户需求。善于通过各种方式如用户反馈、调查等形式，对用户当前的检索习惯、检索特征进行了解，并且根据检索系统的使用效果不断改进标引质量，让标引有更强的针对性及适用性。

第四，较高的文化水平。标引人员需要具备较高程度的文化水平和语文能力。文献标引是由标引人员对文献内容用简练和精确的语言进行高度的概括，用准确的检索语言加以记录，这个过程中既包含着较高的学科专业能力，又包含着较高的多种文化知识水平和语言能力的综合运用。没有较高的文化水平很难阅读文献、把握重点、去粗取精，很难对文献进行主题分析。没有较高的语文能力很难读懂文献，除掌握汉语外，一般还应掌握一到两门外语；从事某些特定领域文献标引的标引人员，有时应掌握一定的少数民族语言，对外文和少数民族文字的文献具有一定的阅读处理能力。

广博的科学文化知识是标引人员文化素质的重要体现。标引人员往往要处理多学科的文献，而且还涉及大量的交叉学科文献。标引人员具备了广博的文化科学知识，就容易把握各学科之间的内在联系，正确分析文献主题。

第五，踏实的工作作风。这是由检索系统的性质决定的。标引工作属于图书馆工作当中的基础工作，它对后续检索系统的整体工作质量会产生直接且重要的影响，由此可见标引工作质量的重要性。在标引工作中，除了从文献当中将文献主题内容精准提取出来，还要根据标引规范将提取出来的内容特征转化成分类标识或者分类主题词。所以，标引人员除要具有过硬的专业知识基础技能之外，还必须在工作当中始终保持严谨的工作态度，对工作认真负责。

4. 标引工作的质量管理

文献标引工作的质量管理通常包括以下内容：

一是做好标引工作的组织。尽可能实行专业分工，目的是使标引人员工作范围相对稳定，职责分明，便于熟悉标引业务，了解标引规律，提高标引质量。特别是对论文、科技报告等的标引，由于涉及的内容往往比较专深，专业分工有利于使标引的结果保持在一定的水准。

二是注重标引过程当中的管理。标引工作必须严格按照标引程序开展，所有的环节都要符合标引要求。而且每一个环节都要由水平比较高的标引人员进行校验，这样才能最大限度地减少标引误差的出现。

三是注重质量分析、质量管理。在标引过程当中除解决某些具体问题之外，还要分析那些经常出现的普遍性问题，寻找方法解决这些普遍性问题。例如，可以针对某一文献类型的网罗性、一致性等进行检测，分析标引的规律和问题，提高标引质量。

四是做好标引工具的管理。特别是叙词表，作为一部动态词表，必须根据文献标引和检索的需要，对其及时充实调整，做好词表的增补，使其适合标引和检索的实际；分类法也应在使用过程中注意根据文献标引的需要，及时掌握分类法编委会公布的分类表增补信息，解决新出现知识门类的标引处理问题。在标引工具的管理中，应注意参考词表、分类表的有关数据，包括标引频率、检索频率以及用户使用的自然语言词汇等，提高对标引工具的管理水平。同时，也应在使用过程中不断调整、完善标引规则。

在联机标引的情况下，对标引结果以及词表等的管理，一般应由中心图书馆或文献单位负责，指定专人或组织专门小组实施；涉及多学科的联机标引系统中，也可以指定专业图书馆负责相应门类的标引质量控制。联机中心的质量控制人员，一般应由资深标引员承担，并有权对标引结果进行修改，调整或要求有关单位对标引结果重新审定等；同时，通过专门小组会议，讨论解决标引中出现的带有普遍性的问题、难点以及涉及标引工具维护的有关问题等，以确保联机系统的标引质量。

第三节　文献资源的编目与著录

一、图书馆文献信息资源的编目

文献编目是根据现有的规则和标准，对文献的形式和内容进行选择、分析和记录的过程。文献著录是记录和描述文献的过程，著录按照分类和子顺的方式制作款目，以款目的形式呈现出来，再将款目制作成目录等检索工具。文献著录主要记录特定时间或空间中某一主题或学科的文献，并按照一定的顺序呈现出来，有利于检索和宣传。

（一）文献资源编目的界定

文献编目分为广义和狭义。从广义上讲，文献编目是按照现有的规则对不同种类的文献目录开展的编目工作，包括藏书目录、读书目录和出版发行目录。根据使用范围的大小，藏书目录可分为私人藏书目录、文献机构目录和联合目录。私人藏书目录顾名思义是反映私人的藏书情况；文献机构目录是根据文献机构内的藏书情况编制的目录，此处所说文献机构一般为图书馆；联合目录是根据国家或者地区内两个及以上文献机构的藏书状况进行编制的目录。此外，根据著录按照一定的方法制定成目录的过程和根据现有原则制定目录的过程，都被称为文献编目。

从狭义上讲，文献编目是能将某个文献机构中的所有藏书反映出来的文献目录的编制，由目录组织和文献著录组成。制定文献编目一般包括两个步骤，第一步是著录，具体指把文献的内容和形式特征记录下来，比如文献的出版社、出版时间、文献的题名、文献的责任者、文献内容涉及的领域和主题等。著录形成后，在手工目录中生成款目，在机读目录中生成记录，一条款目和记录记载一个文献信息；第二步是目录组织，根据某种方法将生成的款目和记录组织起来。比如按照文献的题目、主题和责任者制定而成的字顺目录；再比如，利用文献分类生成分类号，再根据分类号制定分类目录。文献编目是在机读目录过程中自动生成的，使没有顺序的款目经过目录组织这一步骤变为有顺序的目录。在文献目录中，每个文献都有自己的目录。

在广义范围内的其他文献编目，还包括文献的主题编目和描述性编目。前者是对文献内容进行的记录、选择和分析，将文献的主体内容展示出来，并根据这一内容制定分类号和主题目标。一般情况下，主题编目分为主题标引和分类标引，主要工作内容包括主题标引、文献分类和制定款目。描述性编目的对象是文献本身，是对文献本身进行的记录、选择和分析。

(二) 文献编目的一般流程

通常认为，文献编目的程序包括目录组织、文献著录和文献技术加工等环节。也有观点认为，从广义上讲，文献编目的程序还包括主题标引和文献分类。以美国图书馆为例，主题标引称为主题编目，而描述文献形式特征的著录称为描述性编目。不同内容的文献编目和不同编目机构组织的文献编目在程序上和侧重点上存在差异。比如图书馆图书编目的产生过程是通过采购、交换和缴送等途径获取图书后，进行登记入账，再由编目部门开展编目工作。

图书馆在编目过程中首要开展的是查重工作，按照公务目录进行核对，核对图书是否已经编目。如果已经编目，那么该书籍即为复本书。复本书不用再次编目，只需在公务目录上做好标注，将索书号和书标写在图书上即可。如果该图书未进行编目，则要按照图书馆的著录规则开展著录工作，再根据图书分类法进行分类，根据主题词表进行主题标引，将主题标目、分类号和著录项目等信息写在卡片等载体上，制成目录款目。这种将相关信息写在卡片上的方式即为"单元卡片制"。随后，根据特定著者号码表提供的著者号码，将著者号码记录在分类号的下面，由分类号和著者号码共同组成索书号。与此同时，已经编目的图书还要进行图书技术加工，比如制书袋卡和贴书标或贴条形码等操作，这有利于图书排架、查找和阅览。最后，根据目录组织规则，把编辑好的标目款目制定成目录。

编目工作的程序包括的内容如下：

（1）编制通用款目。根据文献著录法，对文献内容特征和形式特征进行描述。

（2）编制检索款目。此过程要进行规范操作，根据通用款目，选择一致的标目形式。这种一致性体现在：①确定统一的责任者标目、题名标目，责任者款目和构成题名款目等；②构成主题款目，添加主题词，进行主题标引；③构成分类款目、添加分类号（分类标目），进行分类标引；④建立参照款目和规范款目。

（3）目录组织。把性质不同的款目，制订成责任者目录、题名目录、分类目录、主题目录、机读目录等。其中，机读目录即书目数据库，用于检索，建立图书馆局域网，同时联通广域网。

（4）目录的维护与宣传利用。前者是指维护已建立的目录，比如对卡片目录进行保养和更新；对机读目录进行检查和维护。后者是指向读者推广怎样运用信息目录，让读者能够熟练运用信息目录。

随着计算机技术的发展，图书馆编目工作的发展趋势逐渐清晰，即把一个地区或者几个地区的图书馆进行联机编目，使各图书馆之间实现文献编目数据资源共享。不过有的地区条件有限，无法利用计算机技术完成编目工作，只能利用手工完成。

二、文献著录方法

由于文献有单卷本、多卷集及丛书等多种形式以及款目的多种类型，文献著录方法也就多种多样。从编目程序上可区分为基本著录法和完全著录法。为适应不同文献形式的特点，还有分析著录法和综合著录法。著录格式是指款目的各个著录项目的排列顺序及其表达方式。著录格式可以从不同角度进行区分：按不同载体可分为卡片格式、书本格式、机读格式；按款目性质可分为分类款目格式、主题款目格式、题名款目格式和责任者款目格式等；按著录对象可分为综合款目格式、分析著录格式。其中中文按款目性质区分是以目录排检为目的的区分，它们均是从通用款目演化而来。西文编目著录格式与中文编目著录格式不同的是，编目时首先根据"著者—题名"确定主要款目，主要款目优先选取文献的著者作为标目，其次再考虑以题名作为主要款目标目。主要款目是指著录文献信息最完全的款目，在实际工作中，以著者为主要款目标目和以题名为主要款目标目格式有所不同。

（一）基本著录

1. 基本著录的概念

基本著录是对一种文献的形式特征和内容特征进行全面描述，以编制通用款目的方法。基本著录是编目工作的首要步骤，基本著录所产生的通用款目是编制其他各种款目的基础。基本著录对于揭示文献及保证目录质量均具有重要作用。

基本著录有传统著录法和标准化著录法之分。传统著录法是先确定一个主要标目，继而对文献特征进行描述，所编款目称为主要款目（也称基本款目）。中文文献著录习惯以题名为主要标目，西文文献著录一般以著者为主要标目，因此各自所编主要款目分别为题名款目和著者款目（"匿名著作"等仍以题名为主要标目）。

标准化著录法的第一步是对文献特征进行客观描述（从题名开始著录），然后再确定拟制各种款目及提供检索途径的项目，并集中记载在排检项内。这种款目称为通用款目。在通用款目上添加某个标目，即可制成某种款目，如加上著者标目即成为著者款目。通用款目由各种著录项目组成。著录项目因文献类型不同而有所差异。中国国家标准《普通图书著录规则》（GB 3792.1—85）所规定的著录项目有10项，即书名与责任者项、版本项、文献特殊细节项、出版发行项、载体形态项、丛书项、附注项、标准书号及有关记载项、提要项、排检项。

2.基本著录的卡片格式

正书名[文献类型标识] = 并列书名：其他题名信息 / 第一责任说明；其他责任说明.—版本说明，其他版本形式 / 与本版有关的责任者—出版发行地：出版发行者，出版年.月(印刷地：印刷者，印刷年)页数或卷(册)数：图；尺寸或开本 + 附件.—(丛书名;/ 编者，国际标准连续出版物号；丛书编号)

附注

国际标准书号(装订)：获得方式提要

Ⅰ.书名　Ⅱ.责任者　Ⅲ.主题　Ⅳ.分类号

卡片式格式可称为六段标识符号式，即把10个著录项目分为6个著录段落，前4项为第一段，第5、6项为第二段，后4项各为一段。每个段落单独起行，回行时均向前突出一个字。同一个段落内，除起头项目外，各个项目前都冠以一定的标识符号。

3.基本著录书本格式

正书名 = 并列书名：副书名及说明书名文字 / 第一责任者；其他责任者。——版次及其他版本形式 / 与本版有关的责任者。——出版发行地：出版发行者，出版年.月(印刷地：印刷者，印刷年)。——页数或卷(册)数：图；尺寸或开本 + 联合会.(丛书名 / 编者，国际标准连续出版物号；丛书编号)。——附注。——国际标准书号(装订)：获得方式提要书本式格式可称两段标识号式，即前8项合为第一段，第9项为第二段，第10项一般不予记载。

(二) 综合著录法

1.综合著录的含义

综合著录又称整套著录，是运用基本著录原理，为综合反映整套文献的全貌及其包含的个别卷(册)而采取的一种整套著录方法。

综合著录是将著录内容划分为两部分：一是描述整套文献的概括部分，著录整套文献的题名与责任者项、版本项、出版发行项、载体形态项、附注项和提要项，其中出版日期，应著录整套文献的出版起讫年、月；二是反映整套文献各个组成部分的"子目"或"本馆有"部分，依次著录其个别卷(册)的编次、题名、责任者、版次和出版年。当以上著录项目在一张卡片中著录不完时，可续卡继续著录，直至项目著录完为止。

综合著录主要是对丛书、多卷书、期刊及其他系列性出版物进行整套著录的方法。综合著录除对上述出版物的总体情况进行描述外，还需要对其中包含的各个卷（册）加以揭示。综合著录的结果是产生综合款目。综合款目根据著录对象可划分为丛书综合款目、多卷书综合款目、期刊综合款目等；根据排检标目可划分为题名综合款目、责任者综合款目、分类综合款目、主题综合款目等。

综合著录既能反映文献多部分组成的整体信息，又能揭示文献各组成部分的个别信息。它比单独著录法的著录内容丰富，著录方法也比较复杂。

2. 综合著录的类型

综合著录根据不同的划分标准，可以分为几种不同的类型。综合著录形成的综合款目的主要类型，按文献类型，可划分为丛书综合款目、多卷书综合款目、期刊综合款目、报纸综合款目；按著录标目，可划分为题名综合款目、责任者综合款目、主题综合款目、分类综合款目；按著录内容，可划分为多层次著录和单层次著录。

3. 综合著录的格式

综合著录在编目程序上，通常区分为先综合著录与后综合著录两种方式。先综合著录，是在编目开始时，将整套文献作为一个编目单元，进行集中分类、集中著录，在目录中集中反映，在书架上集中排列。这一著录方式，使得所有卷（册）的图书都具有相同的索书号。后综合著录，是将所有卷（册）的图书，分散分类、分散著录之后，再将整套文献作为一个著录单元，进行综合著录。这一著录方式使得子目部分记载的所有卷（册）图书各有自己的索书号。而综合款目上，没有整套文献的索书号。

综合款目一般由两部分组成：①记载整体文献部分，包括全部著录项目。②记载各个卷（册）的"子目"部分，一般包括题名与责任项、版本项、出版发行项、载体形态项等。当两部分中的版本项、出版发行项相同时，在"子目"部分可将这两项省略。

（三）分析著录法

1. 分析著录的含义

分析著录是在基本著录的基础上，为深入揭示某些整套或整本文献包含的重要著作,而单独采取的一种著录方法。

以整本(套)文献的某一组成部分为对象进行的著录,中国古代一些目录学家称为"别裁"或"别出"。分析著录深入揭示文献中的重要组成部分,以便向读者报道和推荐,是对基本著录的补充。分析著录的结果是产生分析款目。根据标目的不同,分析款目可分为题名分析款目、责任者分析款目、分类分析款目、主题分析款目等。

分析款目的著录内容主要有两大部分:一是析出部分,即析出的文献信息部分,包括析出文献信息的标目与描述著录,一般只著录题名与责任者项,析出文献信息的著录信息源以析出文献信息为主要信息源;二是出处部分,即原整体文献信息部分,包括原整体文献信息的标目与描述著录,通常包括正题名、第一责任者、版本项、出版发行项、附注项等。并记载析出部分在整体文献中的位置。出处部分项中的所有项目连续著录,自成一个段落,回行时,向前突出一字。析出部分没有自身的索书号,分析款目上的索书号,是使用所在原整体文献信息(出处部分)的索书号。

2. 分析著录款目格式的特点

(1)将著录项目划分为三个段落,其结构包括两个部分:一是析出文献信息部分(第一段和第三段);二是整体文献信息部分(第二段)。

(2)分析著录款目使用的各种符号与基本款目相同,但在两个结构部分的著录正文之间,需用"// 在:"连接。

(3)整套(本)文献从与析出题名第一个字的齐头处开始著录,回行突出一字,并采用连续著录办法。

(4)"第 × × 页或卷(册)",是指从整体文献信息中析出部分的页码或卷(册)次。

(5)附注项与提要项是指析出部分而言,必须另起一行与析出题名第一字齐头。

第四节　文献资源的加工与管理

一、馆藏文献资源的验收与加工

馆藏文献资源验收，作为图书馆采编工作中一项承上启下的工作，是采集工作的监督环节，这一环节起着确保文献资源建设的方向和质量，监督采集失误及微调馆藏体系的作用，同时对购书经费的使用起着控制作用。文献验收既是图书馆的一项基础性工作，同时也是馆藏质量控制中一项不可或缺的工作。

馆藏文献资源验收是指图书馆对每批到馆文献资源，对照供货商提供的配货分包清单和总发票，逐一核对书名、ISBN号、著者、出版社、册数、单价及总价等，判断是否为订购资源，并对接收的文献资源进行财产登记的过程。

馆藏文献资源加工，则是为了实现图书馆资源管理和服务的需要，对图书馆收藏的文献资源进行盖馆藏章、粘贴条形码、磁条、电子标签、书标等，以标示、整理馆藏。

为保证资源验收和加工工作有章可循，有据可依，图书馆应该制定相关的规章制度和工作流程，以保证图书的验收、加工质量。

（一）图书馆馆藏资源验收流程

1. 新书接收

新书到馆后，验收人员核对图书包数，检查外包装有无破损，确认没有问题后方可签字接收。

2. 拆包验收

验收人员根据供货商提供的分包清单逐包清点文献，核对题名、价格、复本量是否与清单相符，发现问题应在清单上注明并及时告知采选人员处理。检查图书质量，有下列问题的图书均可要求供货商无条件退换：图书装订、印刷质量有问题，光盘破损；资源内容反动、封建迷信、黄色淫秽；资源不符合本馆文献资源建设原则；盗版图书；等等。

3. 订购查重

在图书馆管理系统中对每种文献进行查重，核对到货文献是否与订购信息相符，按本馆文献采选有关文献复本量的标准核定复本数量，如无订购记录或复本超标应退回供货商。验收后确认没有问题的资源登记为馆藏，并在图书馆管理系统中登记。

4. 单据存档

为健全业务档案，随包清单、退书单等单据应保留备查。

至此，馆藏文献资源验收工作完成，采选人员根据验收单据完成财务报账等工作。

(二) 馆藏文献资源加工流程

1. 盖馆藏章

馆藏印章是图书馆财产的象征，加盖馆藏印章是馆藏资源加工的必备工作。根据印章形式的不同各有不同的盖法，常用的有以下三处：题名页、书口、书内某固定页码。图书馆可选其中一处或两处盖章。因书口位置明显，建议在此盖馆藏印章。

2. 粘贴防盗磁条

图书防盗磁条是将非晶体基丝用双面不干胶粘贴，与磁性防盗门配套使用的图书防盗产品。其监测原理是在一个特定的闭环电磁场的作用下，利用粘入图书文献书脊中磁条的高导磁特性探测出信号以驱动报警，达到保护图书文献的目的。

图书防盗磁条可分为铁基磁条和钴基磁条，铁基磁条和钴基磁条又分别分为永久磁条和复合磁条(可充、消磁)。磁条的优点是体积较小，不易被发现、破坏；缺点是不易更换。图书馆可根据本馆需求，选择磁条进行粘贴。

3. 粘贴条形码

文献条形码是每册(件)馆藏文献资源的"身份证"号码，即文献资源在管理系统中的个别登录号，也是进行借阅服务时的验证码。图书馆可自行决定在每册(件)馆藏文献资源上粘贴1~2张条形码，注意粘贴两张条形码时，一定要保证是同一号码的一式两份。一般应在题名页粘贴一张。条码应贴端正，不能跳号、漏贴，不要遮盖书名、责任者、出版社等重要信息。

4. 粘贴书标和保护膜

图书馆书标，也称图书标签，是一种不干胶印刷品，长宽各 3~4 厘米，用于记录图书的排架索书号，并以此作为图书排架、读者查找图书的依据。

图书馆一般在图书书脊下部，或者封面、封底的左上角粘贴书标。为了使书标更加持久耐用，还可使用比书标更宽一些的透明胶带覆盖在书标之上，以延长书标的使用寿命。

5. 粘贴电子标签（RFID）

RFID，英文全称为 Radio Frequency Identification，译为无线射频识别，俗称电子标签。它是通过非接触和非线性可见的方式传送标识资料，以达到物体身份识别的目的。与传统的条形码识别技术相比，RFID 具有储存数据可更新、容量大、可重复使用、可同时读取多个数据等优越性。通过 RFID 系统，图书馆可以建立全新的文献定位导航服务，实现读者自助借还服务，实现高效率文献整架、清点功能等。

无线射频识别技术根据频段的不同分为低频、高频和超高频。图书馆界多选用高频技术管理文献资源。电子标签体积较大，一般粘贴于封三，书中线以下靠近书脊处。因电子标签相互干扰，故标签不能固定粘贴在文献的同一高度，而应该每件文献有所差别。

图书馆常用的加工步骤中，粘贴磁条、条形码和盖馆藏印章，可以在编目前完成加工，而粘贴书标、保护膜和电子标签，则需要在文献著录并生成相关内容之后，方可加工。

二、馆藏文献资源的管理

（一）馆藏文献资源登记

凡是图书馆入藏或剔除的文献，都应该进行登记，文献资源登记是馆藏管理的第一步。登记能全面具体地反映各馆馆藏文献的情况和动态，提供准确的统计资料，为图书馆制订工作计划、文献资源建设发展提供依据。

馆藏文献资源登记，要求完整、准确、及时和一致。

馆藏文献资源登记有两种方式：总括登记和个别登记。

1. 总括登记

总括登记是将图书馆每批采购或注销的文献按批次进行整体登记。一般分为三部分：收入部分、注销部分和总结部分。

（1）收入部分。必须登记每批文献的采购验收凭证，每批文献的种数、总册数、码洋、折扣、实洋、供应商来源等。不同载体类型的文献应分别登记。

（2）注销部分。必须登记每批剔除文献的批准文件和原因，每批注销文献的种数、总册数、总码洋，同样按各种类型文献分别登记。

（3）总结部分。是按年度统计的各类型、各文种文献的实存累积数量，以及全部的总量年度统计。

通过总括登记，可以掌握全馆馆藏文献发展的总动态，为文献资源建设决策提供依据。

2. 个别登记

个别登记是以文献的册（件）为单元进行的登记工作。个别登记在总括登记后进行，依据是文献的题名页和版权页。主要项目有：所属总批次号、登记日期、个别登录号（文献的财产号）、书名、著者、出版社、版次、装订形式、页数、价格、来源等。个别登录号一般是按文献进馆入藏次序所给的流水号，也是每册（件）文献资源在馆藏系统中的"身份证号"，具有唯一性。

每册（件）文献的登记方式在小型图书馆还可实现，但在大型图书馆，如果是手工管理状态，也可以按文献的"种"登记，记录每种的复本量。利用图书馆计算机进行管理的图书馆，则可以改变这种人工登记的方式，改用程序运行，以表格方式进行个别登记。

（二）馆藏文献资源复选与剔除

馆藏文献复选与剔除是指依据图书馆制定的原则和标准，将失效、利用率极低的文献从馆藏文献体系中分离并进行处理的工作。

1. 馆藏文献复选与剔除的原因

（1）经费增长，馆藏文献数量急剧扩增造成书库饱和。

（2）因人类知识更新速度加快而造成文献使用寿命越来越短，致使很大一部分文献的利用率很低乃至完全失去使用价值。

（3）图书馆服务对象发生变化，造成原有部分馆藏文献不再符合本馆任务和读者需求。

2. 馆藏文献复选与剔除的意义

（1）图书馆把利用率极低和失去使用价值的文献剔除，使留下的文献更符合本馆任务和读者需求，而剔除藏书经过交换、调拨，使其在其他收藏机构发挥更大的效用。

（2）通过剔除，缩小了馆藏规模，缩短读者找书的时间，从而提高效率。

（3）有效缓和书库紧张状况，使有限的书库得到有效利用。

（4）通过图书剔除时的鉴别、审查工作，可以发现文献资源采选、加工、典藏中的失误，及时调整采访政策，使本馆文献资源建设工作更加科学化。

3. 馆藏文献复选与剔除的标准

文献复选与剔除的标准，是决定文献去留的准绳，一般图书馆采用以下标准来衡量文献资源。

（1）内容标准。文献内容陈旧过时或经实践证明为错误。

（2）外形标准。内容污损、缺页；外观陈旧、妨碍使用；纸张质地低劣，印刷、装订差；

（3）使用标准。如果图书一直在架未被使用过，就可推测未来也不会被利用，可以考虑剔除。

（4）主观标准。图书馆员根据对所在地区或单位、读者群及社会需要、文献内容及馆藏情况等的了解，做出剔除判断。这是最常用的标准，但因依赖于馆员的个人判断，容易出现失误。

以上标准各有长短，图书馆应该在研究馆藏的基础之上加以综合利用，制定符合本馆实际需要的文献剔除标准。

（三）馆藏文献资源保护

图书馆文献资源的利用建立在有效保管的基础之上。图书馆文献资源的损失原因主要分为社会原因和自然原因。社会原因是指个别读者不爱护文献，乱涂乱画，甚至偷窃图书造成的破坏。自然原因则是指火、水、尘、鼠、虫害等对文献资源造成的损失。

针对文献资源损失的原因，图书馆应制定一系列的相关规章制度，最大限度改善文献保存条件,消除各方面的隐患。

防止和解决损坏、盗窃图书的问题,需要整个社会的共同努力,而不能仅仅依靠图书馆。应该加强公民道德教育,使广大读者认识保护文献资源是每个公民的应尽义务。图书馆可以开展各种形式的读者教育活动,以举办破损图书展示、设置温馨提示板等方式宣传爱护文献。在管理方面,可安装监控摄像和防盗报警系统,以加强文献管理。

水与火是图书馆文献资源的大敌,一旦发生,将会对图书馆造成惨重损失。图书馆要加强防火、防水教育,馆区内严禁明火,严禁易燃易爆物品进入。注意地势低洼处的排水是否畅通。现代社会,电器、电路原因造成的火灾是主要形式。图书馆要定期检查电路及电器设备是否完好,定期检查消防器材是否有效,培训馆员学会使用消防用品。如果条件允许,最好安装自动火灾探测报警系统。一旦发生火灾,要及时扑救和报警。

防尘、防菌也是图书馆日常文献保护工作内容之一。书库内要保持通风,使室内外空气得到交流,要经常进行卫生清扫,避免灰尘为各种微生物和害虫提供滋生条件,最重要的是控制书库温湿度。如果发现文献被污染时,可用甲醛溶液熏蒸除菌。

对文献资源破坏较大的,还有蛀虫和老鼠等。蛀虫和老鼠隐藏在书库里,蛀咬书页,破坏藏书的物质结构。防止其破坏的根本方法是注意书库通风、除尘、防潮,及时堵塞书库的各种漏洞、墙缝等,禁止食物被带入馆区,投放杀虫剂、灭鼠药等。

第五节　典型文献资源建设与加强

一、智慧图书馆典型文献资源建设

下面主要分析智慧图书馆的印本资源、数字资源、免费学术资源即开放信息资源的建设。

(一) 智慧图书馆的印本资源建设

随着信息技术的发展,数字资源在馆藏资源中的占比越来越大,但是仍有部分读者喜欢阅读纸质文献。在图书馆印本资源经费有限的情况下，如何根据读者的需要，做好智慧图书馆的印本资源建设，是值得图书馆考虑的问题。

1. 采集工作的智慧化管理

文献采集是馆藏建设过程中的重要环节，图书馆运行效果会受到馆藏质量的影响。传统的文献采购活动中，采集工作和读者之间是脱节的，采购通常采取自上而下的方式，基本不考虑读者的问题。随着时代的进步，现在的采集工作更多征询读者意见。

图书馆遵循的准则是为读者提供服务，在图书馆提供的馆藏服务中，读者既是服务的主要对象，也是服务的中心；既是服务的主要目的，也是服务的动力；读者还是图书馆馆藏服务的检验者。智慧图书馆的特征是"以人为本，可持续发展"，智慧图书馆的理念是"以人为本、绿色发展、方便读者"。

由此可见，图书馆在采购馆藏资源时要做到采购开放化、个性化、资源大众化，要结合读者的意愿需求，按照咨询的结果采购资源。图书馆在采购纸质文献的同时，需要根据馆藏资源的情况合理采纳读者的建议，尽量满足每位读者的需求，不进行无目的的采购，做到在真正意义上实现馆藏资源采购的价值。

现在图书馆馆藏资源的采购面向读者全面开放，图书馆在采购的过程中尽量做到满足每一位读者的需求，通过读者推荐等方式来实现。根据读者需求的采购方式，有效减少了利用率低的信息资源以及相关性低的纸质文献。读者表达的渠道畅通，表达的内容也得到了有效的传达，既减轻了采购工作人员的工作量又提升了工作效率，读者的个性化需求也能在有限的经费使用过程中得到实现。除此之外，也实现了借阅者与馆藏资源之间的沟通、借阅者与图书馆之间的沟通。

此外，用户参与印本资源的采购，可以提高图书馆的工作效率，也可以使图书馆了解用户的实际需求。通过微信、QQ、网页等方式对图书采访进行宣传，能够提高用户参与的积极性；通过互联网搭建图书采购平台，可以提高用户参与采购的积极性，实现用户根据自己需要采购文本文献的愿望。

2. 馆藏存储的智慧化

图书馆可使用的物理空间是有限的，为了解决实体馆藏与物理空间紧张之间的矛盾，图书馆使用的最有效办法是实现纸本文献的远程合作存储，同时也是减少馆内馆藏书架数量的有效方式。分布式图书馆是在远程合作存储下构建的一个存储设施，该设施具有高度封闭特征，纸质文献能够长期存储，每一个分馆都能将文献存放在本馆的存储设施中；也可以选择转让文献所有权，本馆中远程存储的资源也能提供给各分馆的读者进行访问，实现资源共享。

图书馆目前需要明确使命以及所承担的角色，并制订相关的馆藏发展策略。例如有些图书馆主要任务是提供最新的学术资源，还有些图书馆的主要职能是长期保存利用率较低的文献资源。图书馆要做好对利用率较低的纸本文献的空间改造，而智慧图书馆的物理空间会更多留给读者，比如打造交流以及创新中心等空间。

(二) 智慧图书馆的数字资源建设

1. 明确数字资源建设规划与原则

资源建设规划是智慧图书馆资源建设的目标和方向。智慧图书馆应该根据自身发展规划制定数字资源的建设规划。

数字资源建设应该遵循以下几个原则：

(1) 需求原则。数据库的建设既要满足读者的需求，为读者提供便利；又要适应学科的发展，根据教学和科研的需求，提高教学科研工作的质量，为社会发展创造经济效益。

(2) 特色原则。特色是智慧图书馆的生命力和源泉。特色数据库要有鲜明的资源特色，如本地区或机构的民族特色、地方特色等，形成自身的特色资源优势。

(3) 标准规范化原则。在建造网络信息服务系统的过程中，要选择统一规范、标准通用的应用型软硬件。

(4) 共建共享化原则。通过数据库的联合购买、馆际互借等资源共享活动，提高图书馆使用的效果。

(5) 安全性原则。数字资源建设系统的安全性十分重要。信息存储与网络设备管理系统的安全性能够保证系统平台的规范。

(6) 保护原则。智慧图书馆通过数字化处理技术，较好地保存我国优秀的文化遗产，有利于对文化遗产的研究和利用。

2.合理引进中外文数据库

智慧图书馆合理引进专业数据库，要做到有目的、有规划地引进，避免没有计划、盲目地引进，做到经费使用和效果的相互协调。根据自身的条件和基础，进行自建数据库的建设。

我国智慧图书馆目前仍以引进的数据库为主，在建设数据库的过程中，可以围绕以下几个方面进行：

(1)收集整理图书馆数字资源的特色，构建特色数据库，提升服务水平和层次。

(2)做好智慧图书馆文献信息资源的深层次开发，形成较高质量的二次、三次文献。深层次的文献信息资源的开发不仅能够为用户提供使用的便利，更能充分展现图书馆的馆藏文献信息资源。因此在建设过程中要有规划、有标准地分批逐步实施。

(3)加强数字资源的整合检索建设，是数字资源优化组合的一种存在状态。

第一，图书馆公共检索系统（OPAC）的信息资源整合主要适用于传统书目管理。很多图书馆都会使用OPAC系统，并将这种系统作为基础平台，然后对其他文献资源进行整合，其所具有的优点，是读者可以使用并查阅其他图书馆的文献，从而扩大了文献借阅的范围，并且不用再重新对系统与操作进行学习。

第二，基于跨库检索的信息资源整合。某个学科的文献资料可能存在不同的数据库中，特别是交叉学科，读者要对某一学科进行检索，需要多个数据库，并且还要多次进行检索，这样才能找到所需要的资料，无形中增大了查找检索的难度。基于此，在同一个检索平台下，就可以实现多种数据库同时检索，较好地提升资源获得的效率。

第三，基于资源导航的信息资源整合。资源导航系统主要是对信息资源的检索入口进行整合，然后形成一个资源导航库，再按照用户所提供的信息资源名称、关键词、资源标识等导航提供资源。通过资源导航系统功能，读者对信息资源的了解更加全面；通过检索入口，读者可以根据特征进行浏览和检索。具体而言，针对书目资源、期刊资源、数据库资源、电子图书资源、电子报纸、会议文集等分别建立对应的导航系统。

(三) 智慧图书馆的开放信息资源建设

最近几年,开放获取成为图书馆学界关注的重点。随着互联网的快速发展,学术文献的传播渠道变得越来越丰富,出版媒介、发行渠道服务方式有了很大的变化。越来越多的高校、研究院所、学术联盟或科研资助机构发布、强化已有的 OA 政策,传统学术期刊出版商也开始转向线上,在 OA 出版市场占据一定的地位。

开放获取对智慧图书馆信息资源建设具有十分重要的影响,接下来根据这些影响,提出以下几点策略用于建设智慧图书馆的开放信息资源。

(1) 智慧图书馆根据本馆的任务及服务对象的需求,对 OA 资源进行专门调研。印本期刊 OA 化对图书馆的订阅方式、馆藏结构及服务都产生了哪些影响;哪些 OA 期刊可以长期保存,是否可以替代部分印本期刊,都是摆在图书馆面前的现实问题。因此,图书馆需进行深入研究,为购买和使用提供参考依据。

(2) 现行编目规则的修订和完善。2010 年 6 月发布的《资源描述与检索》(RDA),是目前最新的国际化编目规则。既适用于数字资源的编目,也适用于印本资源的书目数据,现代中国图书馆的编目是从西方的编目规则和编目实践发展而来的。2005 年出版的《中国文献编目规则(第二版)》是我国文献编目领域的参考工具书,但在理论方面存在定义不准和概念不清等问题。我国编目规则的现状是公共图书馆与高校图书馆各有一套体系、中文编目与西文编目各自为政,造成了文献信息跨界利用和交流的不便。我国未来的编目规则应广泛吸纳各方的意见与建议,集思广益,与其他国家的编目专家联合,制定适合我国的新编目规则。

(3) 提高 OA 资源馆藏的利用率,推动资源的广泛共享。根据调查显示,国内图书馆没有实现资源共享,馆藏利用率普遍偏低。资源的开放共享是提升馆藏利用率的基础。高校应制定 OA 支持政策,合理安排 OA 资源,满足用户学习和获取知识的需求。因此,图书馆要创造条件为用户提供便利,畅通知识交流渠道,促进用户知识的获取和协同创新。

二、智慧图书馆信息资源建设的加强策略

(一) 加深对信息资源建设内涵的理解

人们对呈现无序状态的不同媒介信息进行采集、选择、组织和开发，将之整合成可利用的信息资源体系的过程称为信息资源建设。从这个概念可知，信息资源建设包括了三个主要要素，即媒介信息、科学技术和设施以及人的智慧。这三者的关系相互影响、相互作用，是一个有机整体。为了促进信息资源建设的完善和改进，需要对三个要素进行优化配置，并进行同步提升和推进。

(二) 确定信息资源建设目标体系

读者需求具有一定的动态性和无限制性，加上图书馆馆藏和购置经费也有限，且这个问题无法在短期内获得圆满解决，这使信息资源建设成为一项长期、艰巨的工程，所以需要将图书馆信息资源建设目标进行分期和分阶段性实施。大数据时期，信息资源建设目标体系应该基于读者对信息资源要求的四化基础上进行，并根据明确的阶段目标不断推进，如此才能使信息资源建设和读者需求更加协调化和统一化地发展。

(三) 建立适应读者需求的信息资源结构体系

信息资源结构体系的构建要基于读者需求来实施，并要对传统的思维和决策模式进行改革，采用科学先进的管理模式促进信息资源的建设。①利用大数据对用户的信息资源利用习惯和喜好等进行获取和采集；②利用大数据技术的便利性对读者对信息资源的认可度和利用度进行深入分析，并了解和把握读者的兴趣、爱好、发展方向以及习惯等，对隐形的规律予以深入挖掘，从而掌握读者的信息资源需求量和需求方向等；③对策略、规划和实施方案的确定要依据实际情况进行，对信息资源建设的重点内容进行科学的分析，并把握好建设的规模、比例以及重点等；④对信息资源的建设要依据实际的经费情况进行，并做到主次分明，为读者提供专业化、系统化、多样化、个性化以及精品化的信息资源服务；⑤随着读者需求的动态变化进行解

构框架的调整和完善等。

1. 加强馆藏纸质文献资源数字化建设

将纸质文献资源进行数字化处理，需要从本馆的特征、实际情况以及读者需求考量，通过大数据技术采集读者对纸质文献资源的行为数据，并对读者对纸质文献资源的需求度、认同度以及需求趋势进行纸质文献资源数字化工作的合理规划和实施方案的制订等。在工作中要做到有原则、有方向、有轻重。对于一些拥有大量读者群、利用频率高以及具有本馆特色的纸质文献资源优先进行数字化处理，并加强特色信息资源数据库的建设，使图书馆具有更广泛和更强大的影响力。

2. 注重网络信息资源的开发与利用

为了提升图书馆信息资源的丰富化和改善资源缺失的问题，使图书馆在面对网络信息资源的挑战中占据优势地位，图书馆可以在读者需求的基础上进行网络信息资源的搜索、选择、挖掘和整合，使之成为自己的虚拟馆藏，为用户提供更加多样化的信息资源服务。同时同步发展虚拟馆藏和实体馆藏，并使虚拟馆藏达到一定的比例，这样才能满足读者更加多样化的需求，更好地应对网络信息资源的挑战。

3. 大力推进信息资源创新

随着读者知识的不断增加，会逐步出现基于信息资源在内的知识学习和智慧决策的全面发展需求。为了更好地适应读者需求的变化，图书馆应该不断创新自己的信息资源储备。

(1) 内容创新。这就要求信息资源产品向精准化方向发展，不但具备实用性，也具备趣味性和启发性；不但可以使问题得以解决，也能获得知识的增加，并满足读者的个性化需求，将馆藏资源的价值进行充分深入挖掘。图书馆的文献资源是人类劳动的见证，是人类智慧和文化的沉淀，其价值是不可估量的。

(2) 形式创新。即充分拓展信息资源的表达方式、载体以及组织形式等，使馆藏资源不仅具备适用性，也可以供不同层次的读者选择，适合多种场合、目的和方式对信息资源的需要。而且对于少数读者群体，如老年人、儿童读者、外籍读者以及残障读者的信息需求也要予以兼顾。可以将所有的信息资源进行整合和打包，为读者的自由选择提供便利。

(3)利用创新。这是针对便捷性需求来说的,指在信息资源产品的开发中既要达到综合简便性和新颖性,也能满足不同层次读者在不同场合、目的和方式的信息资源需求的目标。比如转换语种、通过语音搜索进行查找或者转换形式等。

4.积极推进信息资源的共建共享

为了有效缓解大数据时代媒介信息数量剧增和图书馆购置经费和馆藏有限的矛盾,信息资源的共建共享也将成为一种趋势,并且能够更好地满足用户动态化的需求。

(1)馆际协作。完备的信息资源保障体系的构建需要建立在共建共享和馆际协作的基础上。虽然各个图书馆的特征各有不同,不过最终目标都是为了满足读者的需求,因此为读者服务也是信息资源共建共享的最终目标,协调采购、网络公共查询、联机合作编目、读者跨馆快捷通道等都是如此。

(2)与商家合作。读者不但利用信息资源,也会利用一些商家提供的产品。商家具有独特的领域优势,图书馆则具备对读者行为的掌握和信息资源的优势。两者合作能最大限度发挥优势,实现共赢的局面。商家可以充分利用图书馆的基础数据,从而节省在市场调查和分析上的精力、物力和人力的投入,并尽可能地对读者的需求进行了解和掌握,让开发出来的产品更加符合市场的发展趋势和读者的需求。

(四)加速开发与利用信息资源的技术与设施建设

可以充分利用现有的高科技和大数据的优势进行信息资源的深度开发和利用等,在图书馆的现有网络构架、数据获取能力和存储、分析、计算以及运用能力不足的现状下,加强信息资源技术和设施建设进度。①加快建立个性化服务网络结构的建立,并很好地适应Web3.0的发展;②加强分布式数据库的建设,更好地满足大量数据存储的要求和大数据时代发展的需求;③大力引进新的先进设备和技术;④加强对图书自动借还、自动分拣、图书位置和信息实施导航等智能化管理技术和设备的引进和开发;⑤加快资源发现系统的引进,以便帮助用户更准确地找到信息资源。

(五)构建一支结构科学、高素质的馆员队伍

第一,重新认识馆员的重要作用。图书馆馆员在大数据时代背景下已经不再是简单的"守门员"和"传递员"身份,需要将其工作重点向数据管理方向转变。未来的图书馆工作人员需要对信息资源进行组织,还要为用户提供导航,并进行知识的传播和智慧的发掘等。美国国会科学委员会对数据科学家,即将数据的采集、处理、保存、分析和利用当成职业的一类科学家的职业重视程度越来越高。

第二,建立馆员队伍成长保障机制。对馆员队伍整体素质的要求是不断提升的,确保每个馆员都有积极自主学习的意识,建立一定的激励措施,为馆员的整体素质提升创造良好的环境。鼓励馆员进行自学和以旧带新,并开展专题讲座、继续教育等活动,让馆员的知识面得以不断扩展,提升馆员的服务水平和服务意识,促进馆员更好地适应社会的发展需求。此外,还要注意优秀人才的培养,并将之作为发展战略目标的重要组成部分,促进人才培养发展机制的科学化和合理化。积极吸引优秀人才的加入,并为其创造良好的工作环境和晋升机会,让其充分发挥自己的才智和工作热情,确保图书馆的长久发展。

第三,重新定编,增加人员编制。随着数据时代的发展,图书馆的功能以及读者的需求都有了很大的不同,促进了图书馆工作职能的转变,如信息资源的共建共享、数据的管理、网络信息资源的开发和利用以及馆藏文献资源的挖掘等工作都逐步成为图书馆的主要职责,工作量不断增加,这就要求必须增加人员编制,扩大馆员队伍规模。

第五章　智慧图书馆文献资源布局与共享

第一节　文献资源的布局与排架

一、馆藏文献资源的布局

(一) 文献资源布局的概念和要求

馆藏文献资源布局，是指将图书馆入藏的文献资源，按照一定的标准，划分为相对独立的若干部分，建立各种功能的书库，为每一部分资源确定合理的存放位置，以便保存和利用。馆藏文献布局的实质是对馆藏文献资源进行空间位置上的划分，力求实现馆藏文献与读者需求的最佳结合。

馆藏文献资源布局时，需从以下几个客观因素进行综合考虑。

1. 图书馆类型及任务

基层图书馆是我国公共文化服务体系的末端，承担着为本地社会政治、经济、文化发展服务的任务。资源布局方面应注重资源的有效利用，而不是储存功能。

2. 服务对象

服务对象的不同决定了图书馆资源布局的差异性。公共图书馆应着力于普通大众的阅读需求，在调查本地读者需求的基础上按需设置，针对不同服务对象设置不同的服务区域。

3. 馆藏规模

图书馆规划布局时一定不能脱离图书馆现有馆藏规模和分布现状，不要盲目追求大而全的模式。图书馆原有资源的分布状况是进行规划布局的现实基础，要研究原有布局的形成、发展和特点，尽量避免过多的变动。

4. 人力资源与建筑格局

图书馆规划布局时要充分考虑图书馆人力资源及建筑格局。馆藏文献资源的布局势必受到图书馆人员、馆舍、设备、经费等条件的制约。如果馆舍狭小，则无法实现大空间的藏、借、阅一体化的布局模式；人员、经费较少，也无法设置多个借阅空间。

因此，馆藏信息布局时需要综合考虑以上各项因素，通过科学的组织和规划，使馆藏文献资源在有限的客观条件下发挥最大效用。

建设基层公共图书馆理想的馆藏文献资源布局体系，应该满足以下几个方面的要求：

（1）基层公共图书馆受经费制约，资源有限。如何提高有限的文献资源利用率，充分发挥馆藏文献的效益，这是图书馆考虑的重点。例如，对读者利用率高的文献，可布置在阅览座位附近，以方便取用。

（2）有利于满足不同读者的需要，提高图书馆服务工作的效率。图书馆以读者为中心开展各项服务工作，布局时要从读者的心理需求和行为习惯出发，构建围绕读者需要的文献资源利用环境和服务环境。例如，东莞图书馆设置的特色专题"大众生活馆"，集中收藏贴近市民日常生活的文献资料，满足市民日益提高的生活质量的需要，为市民提供专题文献的查阅、咨询服务。所藏文献主要是"衣"（服装）、"食"（饮食）、"住"（装饰装修）、"行"（旅游汽车）四个主题方面的图书与报刊，在向人们传授生活知识的同时也使读者得到了放松，很适合人们业余时间阅读。

（3）充分利用图书馆的有效面积，节约书库和阅览室的空间。如果布局合理，可方便资源在馆内的灵活运转。馆藏资源进馆后，经过分编、加工送至一线服务部门，中间需要灵活迅速地运转，互不干扰，尽量缩短书刊运送的距离。

（4）有利于图书馆工作人员熟悉和研究藏书，开展灵活、迅速、周到的服务。

（5）有利于文献的保管，避免丢失和损坏，延长书刊的使用寿命。

（二）馆藏文献资源布局的方式

馆藏文献资源布局在客观上是一种三维空间结构，一般有以下几种形式：展开式水平布局、塔式垂直布局、立体交叉式混合布局、藏借阅一体化布局和三线典藏制布局。塔式垂直布局和立体交叉式混合布局一般适用于大中型图书馆。根据我国基层公共图书馆建设现状，我们重点介绍展开式水平布局、藏借阅一体化布局和三线典藏制布局。

1. 展开式水平布局

展开式水平布局适用于馆藏规模在 10 万册以内的小型图书馆。一般图书馆建筑面积不大，三个主要功能部分即书库、阅览室、工作人员办公区共处于一个水平面上，使资源的验收、编目、典藏、流通形成一个平面的工作流程。展开式水平布局适用于直接面向读者的开架流通书库，便于读者接近馆藏文献资源，迅速查找和利用资源，提高文献资源的利用率。

2. 藏借阅一体化布局

藏借阅一体化布局是一种全开架布局模式，采用大开间、少间隔的阅览室建筑格局。馆内各处设置桌椅，方便读者就近阅览。除特藏文献外，尽量不设单独的阅览室，文献资源尽量按学科、专题进行组织并集中管理，读者可在全馆随意浏览，自由取阅。

藏借阅一体化布局的优点主要体现在以下方面：①由于读者可以直接接触文献资源，并自由选用，提高了馆藏文献资源的利用率，降低了拒借率。②大开间、少间隔的建筑格局避免了同一种文献的多处收藏，图书馆减少了复本量，节约购书经费。③大开间、少间隔的资源布局，减少了因分散布局而需要的人力资源，节约出来的人力资源可开展咨询服务，提高服务质量。

图书馆实现藏借阅一体化布局，有以下要求：①藏借阅一体化布局要求图书馆在建筑设计阶段就要符合大书库、大开间、大阅览的"三大"要求，采用同层高、同柱网、同载荷的"三同"设计方案，增加功能设置的灵活性。②图书馆要改变管理模式，在排架方面突出借阅量大的书刊。架标设计要清晰简明，便于查找。要引导读者使用计算机检索文献资源，提高查准率，减少找书的盲目性。③藏借阅一体化布局对读者的参与意识和自我服务能力的要求有所提高，因而图书馆需要培训读者信息检索意识和查找文献的能力。④藏借阅一体化布局，检索和查找更多依靠读者自身，图书馆员则提供阅读辅导、参考咨询等工作，因此对馆员的能力有更高的要求。⑤大开间的格局，需要统筹安排藏借阅各项功能，形成动静结合的不同功能区，营造人性化的服务环境。

3.三线典藏制布局

三线典藏制是按照文献资源的新旧程度及利用率的高低,结合服务方式方法,将全部馆藏文献资源划分为利用率最高、比较高和利用率低的三部分,并依次组成一、二、三线书库的布局方法。

一线书库包括开架外借、阅览区。此处提供利用率最高、最新出版的文献资源,供读者开架借阅。一线书库要求能够满足读者50%~60%的借阅需求。

二线书库,提供利用率较高,参考性较强,近期出版的文献资源,可开架或半开架借阅。二线书库应能满足读者20%~30%的借阅需求。

三线书库,集中收藏利用率低的书刊、过期失效书刊、资料性书刊以及内部备查参考的馆藏资源。三线书库的借阅量不能高于总借阅量的10%。

三线典藏制布局将满足读者大部分需求相对少量的高利用率文献集中在一、二线书库,把只能满足读者少量需求相对大量的低利用率文献集中保存于三线书库,使读者能在最短的时间内以最少的精力获取最大的信息量,同时又能使文献资源得到充分利用,因而是一种科学合理的馆藏文献资源布局方式。

二、馆藏文献资源的排架

馆藏文献排架,是为了方便图书馆员和读者能够准确找到所需文献,将馆藏文献按一定的序列摆放在书架上,从而使每种文献都有一个固定的位置。

(一)馆藏文献排架的目的及要求

馆藏文献排架的目的,一是为了资源的有序管理,二是为了资源的检索利用。为了达到两者统一的最佳效果,对文献排架有以下要求:

第一,便于提高检索效率,取书归架迅速简便,节省时间和劳动消耗。

第二,建立实用的排列系统,便于馆员直接在书架上熟悉和研究馆藏,也便于读者系统选择使用藏书。

第三,设置准确清晰的排架标识,减少误差。

第四,充分利用书库空间,节约书库面积,减少倒架的麻烦。

第五，有利于对藏书进行管理，便于清点和剔除藏书。

实践中，同时兼顾按内容系统排列和节省空间、减少倒架还是相对矛盾的，因此，选择排架方法时，要结合不同的方式，灵活加以运用。

(二) 馆藏排架方法

馆藏文献资源大体可从文献内容和文献形式两方面进行组织整理。内容组织法是根据馆藏文献的内容特征，使用表示学科内容级别和关系的一套符号系统组织馆藏文献。形式组织法则是根据文献的外部形式特征和物质形态特征组织馆藏文献。用于排架方法上即是内容排架法和形式排架法。

1. 内容排架法

内容排架法是以文献内容特征为标志进行藏书排架的方法，又分为分类排架法和专题排架法。

（1）分类排架法。是指按照文献本身内容所属的学科体系排列藏书的方法。

它的排列方法是由分类号和书次号两组号码组成分类排架号。通过分类号将同一类图书排列在一起，其下再使用著者号、种次号、个别登录号等加以区分。

分类排架法的优点是：①按文献所属学科的逻辑体系排列，可以使内容相同的书集中在一起、内容相近的书联系紧密、内容不同的书区别开来。②便于馆员按类研究和熟悉馆藏，开展阅读推广工作。③便于读者按类检索图书，扩大检索范围，提高查全率。

分类排架法的缺点也很明显：①书架要为以后出版的同类图书预留空位，书架浪费较多，不能充分利用书库空间。②原有空架留位不足时，需要进行倒架工作，增加了劳动强度。③分类排架号码较长，归架时容易出错，一旦排架错误，容易造成"死书"。

尽管如此，分类排架法因其从人类学科体系的角度出发组织文献，符合大多数人的检索习惯，仍然是主要的馆藏文献排列方法。

（2）专题排架法。是指将出版物按一定专题范围划分并组织集中展示，向读者宣传推荐，带有专架陈列、专架展览性质。专题排架法是横向范围的集中，打破了学科隶属的纵向界线，将分散在各个类别下同一专题的出版物集中在一起,提供给对某一专题内容有兴趣的读者。专题排架法机动灵活,适应性强,适用于宣传某一主题、某一体裁的文献。它是一种辅助性的内容排架法,不能用来排列所有文献。

2. 形式排架法

形式排架法是按文献的外部特征进行藏书排列的方法。

(1) 登记号排架法。指按图书馆为每一种书刊编制的个别登记号顺序排列藏书。这些登记号只反映出版顺序或入藏顺序,不管内容归属。优点是一书一号,简单清晰,方便归架,节约空间;缺点是不按内容归类,不能用于书架的直接检索。

(2) 固定排架法。指按照出版物的固定编号排架。文献在入藏时,图书馆给一个固定的排架号,不再更改,固定编号一般包括四组号码:库室号、书架号、层格号和书位号。优点是号码单一,位置固定,易记易排,节省空间,不产生倒架现象;缺点是同类同复本书不能集中在一起。此法不适宜流通书库的藏书排列,但储备图书馆多采用此法排架。

(3) 字顺排架法。指依据一定的检字方法,按照出版物的书名或著者名称的字顺排列藏书的方式。中文图书常用笔画笔形法、汉语拼音字母法来确定排架顺序。字顺排架法可与年代排架法结合,用于排列闭架的中文期刊。图书馆界常用著者字顺排架法结合分类排架法,组合成分类著者排架法,使同类同著者同复本的书集中在一起,便于读者检索利用。

(4) 年代排架法。指按出版物的出版年代顺序排列藏书的方法。这是一种辅助性组配排架法,适用于排列过期的报刊合订本。

(5) 语文排架法。指按出版物的语言文别,排列各种外文书刊,也是与分类法组配在一起使用。

(6) 书型排架法。指按出版物的外形特征,分别排列特殊规格或特殊装帧的书刊资料,是一种辅助性组配排架法。用不同字母标示特殊类型、特殊规格的出版物。

3. 各类型文献的排架

在排架实践中,图书馆对不同类型的文献采用不同的排架方法,并用两种以上的排架法组配使用,以达到最佳排列效果。

中外文普通图书的排列,一般采用分类与字顺(著者字顺、书名字顺)

或分类与序号（种次号）组配，以分类著者号、分类书名号、分类种次号为排架号。其中分类种次号排列法简单，易掌握，效率高，但不能集中同一类中同一作者的著作。分类著者号不仅能集中同一门类的图书，也能在同一门类下集中同一作者的著作，但需查阅著者号码表才能完成，效率较低。

期刊排列的方法繁多，一般说来，现刊宜采用分类排架，方法有两种：分类刊名字顺排架法和分类种次号排架法。过刊的排列，广泛使用的是刊名字顺排架法，对同一种期刊再按年代顺序排列。

资料一般装入资料盒或资料袋，使用登记号顺序排架法。

一些版型特殊的图书，如大开本书、图表、卷筒等，采用书型排架法并与其他排架法配合。一般是先分成各种类型，以不同字母标示书型号，然后在同一类型中再按登记号排架，由书型号和登记号共同构成该文献的索书号。

图书馆无论采用哪种排架法，都要编制相应的排架规则和目录，在书库和书架上设立醒目的标识，以便于文献检索。

第二节 文献合作采集与资源共享合作

实现文献资源共享已成为当今世界衡量图书馆事业发展水平的标志之一，因而，文献资源共享研究已成为图书馆界的一大热点。然而，要真正实现文献资源共享，参加共享的各成员馆必须具有可供共享的文献资源，即各馆拥有各具特色的丰富馆藏。实现这一目标的唯一有效途径是合作采集，使用图书馆有限的文献购置费购置更多品种的文献，以更好地发挥图书馆的情报职能与教育职能。

一、文献合作采集

文献合作采集，也叫协调采购。是指两个或两个以上图书馆，在自愿或约定的基础上，通过分工、协调，各自尽可能将本馆分工负责的有关专业范围内的文献收集得较为齐全、系统；在合作范围内，使各个有关学科的各种类型文献在整体上更加充实、完善，并形成一定特色；避免一般化和不必要的重复、浪费或缺藏，为参与文献合作采集馆的文献资源共享打下坚实基础，提供最基本的条件。合作采集必须做到两点，才能健康发展：①参加文献合作采集的图书馆必须形成一个整体，把各馆视为一个部分；②必须在合作采集的基础上，实现资源共享。

(一) 文献合作采集的产生、发展与模式

就文献合作采集历史而言，早在19世纪末已有先例。美国芝加哥的公共图书馆约翰克里拉图书馆和纽柏利图书馆在1896年已开始合作采集。根据合作计划，约翰克里拉图书馆以收藏科技图书为主，而纽柏利图书馆以收集文史哲图书为主。

从文献合作采集的发展历史与现状来看，模式是多种多样的：一是从组织形式看，也就是根据参加文献合作采集的成员馆的范围划分，可分为国家与国家之间的合作采集、全国性图书馆之间的合作采集、地方或系统图书馆之间的合作采集；二是从文献合作采集的内容来看，也就是根据合作采集的文献对象划分，可分为图书合作采集、期刊合作采集、书刊合作采集、声像资料合作采集等。但事实上两者是相互交叉、难以分开的。前者是形式，后者是内容。只有形式没有内容，或只有内容没有形式都是不行的。为此，我们打算把两者结合起来，以组织形式为主进行论述。

1. 国家与国家之间的文献合作采集

国家与国家之间的文献合作采集在历史上并不多见，主要有北欧和东南亚等地区的一些国家开展过合作采集。北欧"斯堪的亚计划"、东南亚国家图书馆和文献中心联合体就属于这一类。

"斯堪的亚计划"是1954年由丹麦、挪威、瑞典和芬兰四国共同制订的。这是一个国家与国家间的文献合作采集计划。参加这一计划的有上述四国的13所国立图书馆、大学图书馆和专业中心图书馆。其目的在于文献采集的分工合作。它的构思是无须额外投资，自愿参加，所提供的科学技术出版物虽然不是全世界所有的出版物，也是非常齐全的。它的重点是采购相邻国家的期刊，分工的基本原则是部分根据学科领域，将其分派给各个特定的图书馆；部分根据地理或语言区域，由每个参加国负责从某一国家购买和交换文献资料。后来冰岛也加入了这一合作采集计划。

东南亚几个国家的文献合作采集，于1978年7月至1979年8月进行，由马来西亚、菲律宾、新加坡、泰国、印度尼西亚等国家政府批准成立的东南亚国家图书馆和文献中心联合体（NLDC-SEA）负责主持。这个联合体的目标之一，是在上述地域范围内高效率地从各成员国获取所有的文献资源（保密文献除外）。它强调每个国家都应收集其国内的出版物，为的是使这些出版物不仅在国内得到利用，而且也为联合体其他成员国所用。

2. 全国性的文献合作采集

所谓全国性的文献合作采集，是指参加文献合作采集的图书馆，其范围涉及全国许多地区和系统，其合作采集业务由全国性图书馆或全国性图书馆团体主持。这里仅就世界一些主要国家的全国性文献合作采集做简要介绍，有关中国的文献合作采集集中在后面论述。

（1）美国

美国的全国性文献合作采集开展得较早，主要的文献合作采集活动如下。

第一，法明顿计划。

法明顿计划是美国20世纪著名的文献合作采集计划。该计划原来的构想开始于1942年，美国国会图书馆行政委员会在康涅狄格州的法明顿市开会，研究有关合作采集的问题。朱利安、包以德呼吁美国图书馆界应积极采集各国有价值的资料，以供研究之需。此议获会议通过，定名为"法明顿计划"。1948年正式开始实施，由美国研究图书馆协会主持，有64所图书馆参与，包括50所大学图书馆和美国国会图书馆、国立农业图书馆、国立医学图书馆、纽约公共图书馆、底特律公共图书馆等。这是一个自愿参加的计划。

该计划主要的目的是采集世界各国出版的重要学术著作，保证至少有一本保存在美国的图书馆中，采集范围包括近100个国家的文献资料。但开始时，只着眼于西欧的资料。至1952年，该计划进行了修改，将亚洲、拉丁美洲、非洲、东欧及近东地区都扩充进去。各馆将采购到的图书快速分类、编目，列入美国国会图书馆的国家联合目录（NUC）中，以便于各图书馆开展馆际互借。

该计划的合作方式有两种：一种是指定采集的学科，如加州大学图书馆负责采集澳洲及新西兰历史、葡萄牙文学及西班牙语文等，伊利诺伊大学图书馆负责各国出版的有关图书馆学方面的著作；第二种是指定采集的国家或地区，如哈佛大学图书馆负责购买阿富汗、斯里兰卡等国的图书。

该计划由于与美国国会图书馆全国性采集计划重复，各图书馆经费紧缩，许多图书馆以指令统购方式向国外购买大批图书，加上执行时缺乏审慎的督导，在1972年宣告结束。

第二，拉丁美洲合作采集计划（LACAP）。

这项计划和法明顿计划有关，由于参与该计划的有些图书馆重视拉丁美洲的出版物，这些图书馆觉得有必要每年集会讨论有关拉丁美洲图书资料的采购事宜，因而于1956年在佛罗里达州首次召开拉丁美洲图书资料研讨会。会中决议由书商办理合作采集的业务。该计划在1960年正式实施，但由于书商的业务减少、与其他采集计划重复、费用高、退书太多等因素，于1972年和法明顿计划同时结束。

第三，48号法案。

许多年来，美国一直将剩余农产品卖给许多国家，这些国家被允许用本地基金或与援助额相等的配套基金偿还。为此，美国积累了大批非军事或外交目的所需的贷款。

1954年，美国国会通过"农业贸易发展暨补助法案"，授权美国国会图书馆馆长在国会决议指定用途的限度内，运用美国所拥有的外汇，购买外国出版物，以及在美国各图书馆设置资料的寄存地。48号法案是上述法案于1958年的修正条款，自1961年开始实施。该法案计划采集的外国出版物有八个国家：锡兰（今斯里兰卡）、印度尼西亚、以色列、尼泊尔、巴基斯坦、阿拉伯联合酋长国及南斯拉夫等国。在1962年到1972年之间，共收进图书资料1575万件。由于外汇额不定及萎缩，后来该计划与"全国采集暨编目计划"合并。

第四，全国采集暨编目计划。

1965年美国高等教育法案授予美国国会图书馆经费，要求该馆尽可能采集世界各国出版的对学术研究有益的图书资料，并迅速提供书目信息。该计划于1966年开始实施，由于与外国的国家图书馆合作，可以加速进行图书采集、编目。有90多所图书馆参与该计划，涵盖的地区有24国。1980年的经费为1300万美元。采集的图书资料遍及欧洲、亚洲、非洲及拉丁美洲，可说是历史上规模最大的全国性合作采集计划。

第五，研究图书馆中心（CRL）。

研究图书馆中心成立于1949年，该中心原来的规划主要有四项：①作为会员图书馆储存罕用研究资料的中心；②作为图书资料的集中机构，资料放置在中心，而费用由会员图书馆分担；③作为图书资料的集中采购机构，而资料储存在各会员图书馆；④作为图书资料的集中编目机构。

到20世纪80年代末期，该中心只实现了前两项功能，即作为图书资料的合作采购及储存机构。20世纪80年代末，该中心已有馆藏图书361万册，缩影资料110万件。会员包括美国及加拿大地区的133所学院、大学及研究图书馆。采集的政策由会员图书馆决定。

（2）英国

20世纪40年代末期，英国图书馆合作采集的重点是馆藏复本的控制，以及如何填补各图书馆之间馆藏的不足。最后图书馆之间达成协议，采用合作的方式，尽力将英文及外文资料采集得比较完整。各地区对于现行英国出版的资料，以自足为原则。1949年，英国图书馆学会的图书馆研究委员会成立"图书馆图书、期刊、研究资料合作采集的附属委员会"。该委员会从1949年至1957年先后提出三份计划，计划将全英国图书馆文献合作采集构成一个整体。英国图书馆文献合作采集的基本模式如下：

一是以学科或区域为基础的文献合作采集。1962年，非洲图书资料常设会议制订了一项计划，由22个成员馆分别负责从非洲某些国家和地区采集图书资料，包括以商业为目的的出版物、政府出版物、小册子等。

二是以图书资料类型为基础的文献合作采集。伦敦33所公共图书馆，制订了一个大伦敦声像资料主题分工计划。这是一个合作采集和储存声像资料的计划。

三是以图书馆类型为基础的文献合作采集。国家图书馆和大学图书馆常务会议（SCONUL）设有若干小组，如拉丁美洲组、斯拉夫及东欧组。这些小组可进行文献合作采集。类似的情况还有图书馆协作常务联席委员会制订的回溯资料的收集计划，参加此计划的大约有40所大学图书馆，分工收集1800年前各个时期（一般为10年）内的英国图书资料。

四是文艺小说的合作采集。大都市文艺小说联合收藏计划要求伦敦的每一所公共图书馆按照所分配的作者姓氏字母表购买和储存这些作者的著作。国家级别文艺小说联合收藏计划同时实施,但只作为国家的后援。

五是期刊的合作采集。英国采用集中式的馆际合作制度,由附属大英图书馆的文献供应中心负责全英的期刊馆际合作。20世纪90年代初,该中心期刊的馆藏达228000种,现刊有53000种,已采集世界上各国重要的学术性期刊。由于中心的馆藏期刊丰富,该国80%以上的馆际互借是通过该中心实现的。

(3) 德国

第二次世界大战后,德国分为德意志联邦共和国和德意志民主共和国两部分,1990年10月3日两德统一。这里介绍的,主要是联邦德国的一些文献合作采集的情况。

联邦德国有一个国家级采集方针和采集计划,其发展和管理由德国研究学会(DFG)负责。

1949年,DFG制订了"专门学科收藏计划",在这个计划中,采购外文资料的正式责任交由几所已经建成的主要专业图书馆。这些图书馆得到了DFG提供的经费支持。后来这个合作采购计划扩大了,汉诺威、基尔、波恩和科隆的四个中心专业图书馆,17所大学或学院图书馆以及30多个专业图书馆也加入进来。所有这些受DFG支持的图书馆都有责任按国家级水平提供各自领域的文献。应该说明的是,这些领域不仅包括犯罪学这些常规学科领域,而且包括地理区域,如东南亚。中心专业图书馆具有专门的国家图书馆功能,并且在它们的专业领域中保持了包罗无遗的采集方针。目前,四个中心专业图书馆所包括的领域有技术、农业、医学和经济。

教育没有设立中心专业图书馆,由DFG和埃尔兰根大学图书馆合作,负责教育专业藏书的发展。也可称为第五个中心专业图书馆。

30多个专门学科图书馆,为少量的研究人员收集他们感兴趣的资料。这些专门学科图书馆主要是各研究所的图书馆,是通过大学图书馆同主要系统取得联系的。这个系统中的17所大学或学院图书馆致力于收藏人文科学和社会科学的文献,这是根据它们现有的丰富馆藏确定的。这后两类图书馆对本单位、本地区以及全国都负有提供文献的责任。

重点采集或优先中心的现行合作采集方针都体现了下列建议:①收集

文献(包括缩微品)尽可能包罗无遗。②采购那些为国际文摘机构和情报服务部门通常引用的杂志。③订购全套的综合性和专业性的书目工具。④与每个学科的情报机构紧密合作。⑤使采购的资料能在全国免费使用；当地方与国家的需要有重复时，可以复制资料。⑥应该使非常规研究资料和其他有关研究资料在藏书中占有较高的比例。⑦更广泛地采购纯理论性文献和"普通文献"的样本，作为研究的资料来源。⑧应注意使国际合作采集计划同国家系统协调一致。

为了发现采集系统的缺漏并使其能做相应修改，DFG建立了一个连续的反馈程序。采购外文文献和其他特藏资料的经费是按照下述的一般规定提供的：25%的经费由本馆提供，75%的经费由西德研究学会提供。然而也有一些例外，在五个中心专业图书馆中，有关德语文献采购任务的比重很高，因为这些图书馆得到了DFG的专门补贴。还有12个每年都要补充大量专门藏书的图书馆，DFG也为它们所需的额外人力提供经费。

1978年，DFG为专门的藏书领域提供了480多万西德马克的经费，其中400万西德马克用于文献采购，40万西德马克用于人员费用，其中约3万西德马克用于采集及科研行政费。1979年，DFG将1900万西德马克的一半以上用于改进国家级别文献采购的水平。

此外，DFG还为人文科学资料的回溯性采购专门计划提供了经费。17个有专门藏书领域的大学或学院图书馆得到了补充经费(一年67万西德马克)，以便采购人文科学和科学史的文献。不然，这些文献在西德通过馆际互借是借不到的。1978年开始实施这个计划的另一部分，主要是采购那些作为科研重要资料来源的旧出版物。

除上述计划外，还有其他大型图书馆计划。西柏林的州立普鲁士文化基金会图书馆尽力收集国内外科学期刊和文献，它收藏的专著主要是人文科学方面的。而在南部与之相对的巴伐利亚国立图书馆主要收集经常需要利用的研究文献。普鲁士文化基金会图书馆由于当地的资助者寥寥无几，只得更多地追求超地区性活动。法兰克福的德意志图书馆在整个联邦德国的图书馆系统中具有重要意义，但是它的藏书仅供查阅，因此它在"世界性出版物收集与利用"计划中的任务受到了限制。

(4) 智利

智利的大学图书馆1991年也进行了一项研究计划：如何使大学图书馆合作采集期刊并分享使用。该项计划建议成立一个中心负责大学图书馆期刊的采集。该中心提供下列服务：①期刊采集的集体协商制，负责和期刊代理商洽谈订费、折扣；②提供新知选粹服务，大学图书馆对新收到的期刊有兴趣，该中心可提供该期刊的目次页，如果个人对某一学科的期刊有兴趣，当收到期刊后，也可提供目次页；③更新期刊联合目录；④影印期刊文章。

3. 地区、系统间的文献合作采集

地区、系统间的文献合作采集，其范围不是全国性的，只涉及某些地区和某些系统。这类合作采集很多，只能选择一些做介绍。

(1) 美国的地区、系统之间的文献合作采集

从世界来看，20世纪图书馆地区、系统之间的文献采集合作，以美国最为活跃，80年代初期就达375个。具有代表性的地区系统有以下几个：

第一，纽约大都会市政的参考研究图书馆系统。纽约大都会市政的参考研究图书馆代办处（METRO）的80所图书馆之间有一个合作采购计划。计划规定成员馆将其预算的0.5%作为合作采购的资金。依照大都会市政的合作采购程序，委员会规定，这笔经费根据各馆馆长的建议，用于采购价值200美元以上的图书资料。连续出版物和期刊不在考虑购买的范围之内。凡被采购的资料均收藏于各成员馆，并由该馆提供使用。这个计划的目标是建立在成员馆现有馆藏的实力基础之上，使那些有需要，但任何机构又无力单独购买的资料有可能得到采购。起初，每个馆只对本馆馆藏进行编目，后来则雇用全日制的编目员工作，并出版藏书目录。

第二，区域医学图书馆网络（第九区）。国家医学图书馆首先创立了区域医学图书馆系统，而第九区包括得克萨斯州、阿肯色州、路易斯安那州、俄克拉荷马州和新墨西哥州。在这个区域中由12个有实力的图书馆实行一项合作采购专著计划。图书馆同意购买所预定和为自己指定的出版商出版的全部图书。为执行这项合作计划所选定的出版商，是按出版商几年来为图书馆新提供图书的平均数排列的。这项计划对图书的复本有所限制，但并不完全排除。该计划起源于早期的单项期刊采集计划。

区域合作采购同国家计划没有正式关系，但国家医学图书馆被认为是

网络中的主力馆。虽然各馆的采购任务根据资料的多少来分配,但这项合作采购计划所需的经费还是由各馆从自己的预算中支付。

第九区计划的进展状况是通过对参加馆之间馆际互借的分析来考察的。

第三,美国科罗拉多州研究图书馆联盟(简称 CARL)。该联盟是 1974 年科罗拉多州各图书馆馆长为促进彼此间合作而设立的一个非正式组织。最初的工作之一是编制期刊联合目录。1978 年,CARL 由 6 所图书馆正式组成一个非营利性组织,以加强及促进该州图书馆的业务发展。1981 年,该组织推出的电脑化系统命名为 CARL。

UnCover 是 CARL 期刊子系统的一部分,资料库中收录有各图书馆订阅的期刊 14000 余种。这些期刊由代理商或出版商先寄到 CARL 总部,由专人登录,并将期刊目次及各篇文章的书目资料输入资料库。登录后的期刊再寄到订阅的图书馆。各图书馆收到期刊,即可从电脑线上查检期刊的目次和各篇文献的书目资料。因此,各馆可向读者提供馆藏目录、期刊目次及期刊论文三项合一的服务。

为更便于使用者找到所需的期刊原文,CARL 组织进一步将期刊原文的传递服务合并在该系统中,称为 UnCover2。1991 年 8 月开始这项试验,使用者在 UnCover 系统查到的期刊论文,可以要求以传真机传递期刊的原文。UnCover2 的服务全年开放,每天 24 小时,星期一到星期五都可以在 24 小时内传送文件。如果是在资料库已经存有这一篇文章的全文,更可以在 1 小时内传送到使用者的手上。

第四,加利福尼亚大学图书馆系统。加利福尼亚大学的 8 所分馆和加州州立大学、学院系统的 19 所分馆中的 16 所,组成了包括采购在内的两个区域合作组织。北部的合作组织以加州大学的伯克莱分校为中心,南部的合作组织以加州大学的洛杉矶分校为中心。这两个中心都可以采购很重要的研究类图书,但其他 24 个图书馆中的每一所馆只能在它们专业范围内采购罕用的资料。这些专业范围反映了本校的学科和研究状况,而且专业的全部领域都被包括在内,但这两个组织都不保存复本。纵横交错的卡车和公共汽车系统把书和读者从一个校园带到另一个校园。

(2)英国的地区、系统之间的文献合作采集

英国地区文献合作采集规模的大小相差很大,系统中参加馆的数量也

可能差距很大。协调采购也许只是系统许多目标中的一个，而且也不一定处在很优先的地位。英国许多图书馆的协作群体就属于这种类型。然而，自第二次世界大战以来，英国已发展了四种类型的地区级协调采购计划。第一，学科专业化计划，保证了对英国出版的非小说资料的广泛采购；第二，小说采购的合作计划，能不断地获得绝版的小说；第三，外国语言文献以及现在所谓的"少数民族图书"的采购计划；第四，视听资料的合作采购计划也已获得发展。

(3) 联邦德国的地区、系统之间的文献合作采集

联邦德国地区级系统文献合作采集的基础，可以用诺德海姆威斯特法伦的情况说明。地区级的采购计划仅限于期刊的采购，只涉及那些没有良好文献服务的狭窄的学科领域，注重专业性很强、不经常使用的文献。计划不仅包括德国期刊，也包括外国期刊；对国内文献的采购标准比较宽。这一计划致力于地区内文献自我满足的目标，并没有与国家的采集计划争高低，事实上只是扩展了地区的收藏范围。

可以把整个情况比作一座金字塔。底部是大学图书馆，在其专业领域内以使用率高的期刊满足读者需求；顶部是德国研究学会主持的国家采集计划之内的特别藏书，包括使用率较低的文献；而地区级的采购计划是为中间层次服务的。

(4) 苏联的地区、系统之间的文献合作采集

1966年，苏联在关于全苏科学技术情报系统的法令中强调了合作采购。目的是"在一个加盟共和国、大区、地区及分区的等级上，建立一个共同的图书馆馆藏。这样能在分区或地区的等级上建立一个包括大量专业藏书的、能相互补充的、有特效的综合性藏书体系"。比如在吉尔吉斯加盟共和国，有25个组织负责共和国级的藏书。协调采集计划由全苏各部的特别中心和技术图书馆制订。

(5) 澳大利亚的地区、系统之间的文献合作采集

澳大利亚新南威尔士的"采购计划"是地区级大型采购计划之一。这一计划是于1967年由澳大利亚国立图书馆和新南威尔士的5所大学图书馆共同制订的（大约在1970年，澳大利亚国立大学也参与了这一计划）。这个计划根据地理环境把世界划分成若干区域，重点采集现行出版的文献，如政府

出版物、统计资料、连续出版物，计划的目标是保证地区在参考资料方面的自我满足。

4. 我国文献合作采集的发展与模式

我国的文献合作采集工作起步并不晚。1957年，国务院批准公布了《全国图书协调方案》，决定在国务院科学规划委员会下设图书小组，负责全国图书馆的协调工作。当时，成立了北京和上海两个全国中心图书馆委员会和一些地区中心图书馆委员会。各中心图书馆委员会的成员馆按其收藏重点，在采集、互借、交换、调配等方面进行分工合作，尤其在外文原版书、刊的合作采集方面取得了很大成效，复本率大大降低，品种数量大大增加，既节约了宝贵的外汇，又扩大了文献的覆盖面，提高了文献利用率，取得了明显的经济效益和社会效益。但1976年之后，全国和各地区中心图书馆委员会无法继续开展工作，合作采集工作也就随之停止。

20世纪70年代后期，我国的图书馆事业又开始呈现欣欣向荣的新局面。到20世纪80年代，在图书馆界形成了一个理论研究高潮，开展文献合作采集、实现文献资源共享已成为人们的共识。湖南、吉林、山东、浙江、江苏等省都先后成立了外文图书采购协调研究会（或小组），开展了卓有成效的工作。但始终未取得根本性的进展，已有的文献合作采集组织有的甚至已名存实亡。相对而言，外文原版期刊的采集协调工作开始得晚一些，但局面却与图书的采集协调大不相同。在全国期刊工作研究会之下，各省（含一些地区和行业）都成立了期刊工作研究会，每年定期进行外文原版期刊的采集协调、召开期刊工作学术研讨会，搞得颇为有声有色。

然而，在合作范围、规模、水平和实际成效等诸方面，我们的文献合作采集远远落后于国外，更远远落后于形势的要求。不过，我们的文献合作采集事业毕竟在前进、在发展，只要我们总结经验教训，就会取得根本性的进步。

(二) 文献合作采集的保障措施

1. 更新观念、统一领导

任何一个图书馆都要在文献采集的观念上有所更新，即不把"馆内没有收藏"视为服务的终点，而应进一步做好文献的采集工作，把文献采集的

"大而杂"变为某些学科、某些部分的"小而全",把分工采集变为整体不可缺少的部分;把各馆一般化的收藏变为各有特色的收藏;把部分视为系统不可分割的一部分,坚持整体大于部分之和。这样就不会把合作采集拒之门外。要使文献合作采集坚持下去,并不断完善与发展,坚持权威的、强有力的领导也是重要的。实践经验表明,完全是民间性质、完全采取来去自由的自愿原则,不可能搞好文献合作采集。

2. 业务工作标准化、信息传递现代化

业务工作的标准化是开展馆际协作协调的基础。长期以来,《中国图书馆图书分类法》《中国科学院图书馆图书分类法》与其他分类著录标准并行,给联合目录和机读目录的编制及网络化进程和资源共享造成了极大困难。因此,有必要统一采用《中国图书馆图书分类法》。这样,有助于提高检索系统的通用性和检全率、提高文献协调采购的准确度,促进资源共享。

协调采购的过程是一个汇集信息—再反馈的过程,必须及时收集订购信息,经协调后再反馈。文献采集对时效性要求较高。为了加强订购信息及文献信息的传递,采用电话、互联网等方式是十分必要的。尤其是计算机联机检索网络的建立,极大方便了采集人员和读者了解外单位的馆藏,既为文献合作采集提供了准确信息,又可充分发挥合作采集的效益,实现资源共享。

3. 树立全局观点

多个图书馆合作,既要考虑各个成员馆的原有基础,又要做到"互利互惠"。否则,一味冀求他馆之助或只能尽义务而得不到他馆的好处,都可能使合作采集难以为继,更谈不上推广深化。然而这种"互利互惠",又不是绝对的平均,特别是各馆的基础与条件不完全相等,购书经费有多有少,文献交换面有宽有窄。因此文献合作采集只能要求义务与权利大体上均衡。要强调从全局出发,不能过于计较单位利益的得失,更不能只顾本馆不顾他馆。对那些积极参加、积极利用合作采集网络的组织机构与个人,应予以表扬或奖励。也就是说,无论是何种形式的合作采集,都有发展壮大的可能。

(三)文献合作采集的具体操作与注意问题

第一,在具体分工之前,应调查研究,掌握各馆的馆藏情况和合作的有关问题。

第二，制定合作发展馆藏的方针政策，划定各成员馆收集文献的类型、学科范围和级别。

第三，文献合作采集计划应有中程及远程的目标，并分阶段实施。

第四，各成员馆提供自己馆藏情况的目录索引资料，编撰联合目录，并保持其时新度，供各馆参阅，免除可能的重复。

第五，签订协议、遵守协议并做好馆内宣传，帮助读者了解、利用这一服务形式。

第六，参与文献合作采集的组织机构，应定期举行会议，沟通意见，解决分工实施中的问题。

第七，参与文献合作采集的组织机构，除做好分工范围内的采集工作之外，本身的采集计划只要不与合作计划重复，仍应认真执行，不要存在依赖心理。

二、文献资源的共享

(一) 文献资源共享的重要性

文献资源共享是宏观文献资源建设的重要组成部分。把文献资源共享作为宏观文献资源建设的一部分进行研究是有原因的，主要是文献资源共享与文献资源整体布局有着内在的联系。

第一，文献资源共享与文献资源整体布局的关系密切。文献资源整体布局是解决文献资源的社会收藏，提供服务的物质基础问题，文献资源共享则是解决文献资源的社会利用问题，如果不实现文献资源共享，文献资源整体布局也就失去了意义；如果不进行文献资源整体布局，不解决物质基础问题，也就无法实行文献资源共享。二者之间的辩证统一关系，决定了文献资源整体布局与文献资源共享是一个整体。

第二，文献资源共享与文献资源整体布局研究的内容密不可分。文献资源共享虽是研究文献资源的社会利用问题，但这种利用已不同于传统的小范围图书情报机构的文献借阅。因为要想真正实现大范围的文献资源共享，首先要进行文献整序、编制馆藏文献资源联合目录和建立文献数据库，这些工作本身的性质已不属于文献借阅的内容，而是属于文献资源整体布局的内容。进行文献资源共享需要宏观控制、技术设备等方面的条件，而文献资源整体布局也同样需要这些条件。这样，文献资源共享某些内容与文献资源整体布局内容的融合及一致，就造成了二者密不可分。

这种文献资源共享与文献资源整体布局的内在联系，决定了我们在研究文献资源整体布局的同时，也要对文献资源共享进行研究，文献资源共享自然也就成为宏观文献资源建设的一部分。事实上，在国内外的一些文献资源建设协调方案或文献资源共享协调方案中，已包括了文献资源布局和共享的内容。

(二) 文献资源共享的内容与方法

文献资源共享的内容和方法有多种，但确定什么内容和采取何种方法，要根据特定的环境和条件而定。

1. 编制馆藏文献资源联合目录

馆藏文献资源联合目录是揭示和报道一定文献资源共享网内各图书情报机构文献资源收藏状况的重要手段，是用户共享一定网络内文献资源的重要工具。如果没有馆藏文献资源联合目录，用户就不可能知晓共享网络内其他图书情报机构的文献资源收藏状况，也就不便检索和共享网络内其他图书情报机构的相关文献资源。因此，人们在实行文献资源共享时，都十分重视馆藏文献资源联合目录的编制。

馆藏文献资源联合目录种类多样。从范围上看，有全国性馆藏文献资源联合目录、地区性馆藏文献资源联合目录、系统性馆藏文献资源联合目录；从文种上看，有中文馆藏文献资源联合目录、外文馆藏文献资源联合目录；从学科上看，有综合性馆藏文献资源联合目录、专科性馆藏文献资源联合目录；从时间上看，有现期馆藏文献资源联合目录、回溯性馆藏文献资源联合目录；从文献类型上看，有馆藏图书联合目录、馆藏期刊联合目录、馆藏专利文献联合目录等。不同种类的馆藏文献联合目录，各自有不同的特点和功用，而编制全国性或综合性的馆藏文献联合目录，更能适应文献资源在更大范围内共享的要求。

2. 发放通用借阅证

发放通用借阅证是实现某一地区内文献资源共享的重要手段。这里所说的地区是指直辖市、省属地（市）及规模较大的城市。用户可利用在同一地区内地域相距较近、交通便利等方面的有利条件，持本地文献资源共享网图书情报机构联合发放的通用借阅证，到文献资源共享网内的任何一个成员图书情报机构外借或室内阅览其馆藏文献资源。

发放通用借阅证需要一定的程序，其目的在于体现通用借阅证的严肃性和协调性。第一步，文献资源共享网中的成员图书情报机构首先要有发放通用借阅证的共同意向；第二步，召开文献资源共享网内成员图书情报机构协商会，确定通用借阅证的管理办法和用户持证借阅规则，在借阅规则中要明确规定借阅范围、借阅期限及损坏、丢失馆藏文献的赔偿办法；第三步，签发通用借阅证，在通用借阅证上，注明其使用的范围，签发机构盖章方能有效。如无签发机构章，文献共享网中的成员图书情报机构联合盖章也可。

在使用通用借阅证的过程中，一方面，文献资源共享网中的任何一个成员图书情报机构，都应像对待本机构用户一样，热情周到地为持证用户服务，并且这种服务应该是无偿的，否则就违背了通用借阅证的通用性。另一方面，要教育用户严格遵守持证借阅规则，一旦发现用户有违反之处，应给予相应处理，这样才能保证通用借阅证的严肃性。

3. 馆际互借

馆际互借是图书情报机构之间用互借馆藏文献资源的方式，互通有无，来满足用户需求，达到文献资源共享目的的一种方法。馆际互借除可在本地区、本系统文献资源共享网中进行外，还可超越本地区、本系统文献资源共享网的界限，在更大范围乃至全国范围内进行。但馆际互借双方事先要在自愿的前提下，办理好馆际互借关系方可进行。

馆际互借一般适用于用户在使用本地区通用借阅证不能满足对馆藏文献资源需求时，先由借方向借出方发出需求函，借出方将借方所需馆藏文献资源邮回。馆际互借是在图书情报机构之间进行的，一般不通过用户办理互借手续。

馆际互借是一个复杂的互借过程，馆际互借任务量大的图书情报机构应有专门负责此项工作的人员。另外，还要制定相应的馆际互借制度，以保证此项工作的正常开展。馆际互借一般应遵循互利、无偿的原则进行，但对于那些承担馆际借出任务量大的图书情报机构，因其负担了较多的费用，可由借方承担邮寄等所需费用。

4. 馆藏文献资源复制

馆藏文献资源复制是一种比较简便易行的文献资源共享方法。一般是指对于那些使用频率较高，而本图书情报机构又没有收藏的文献资源，可采用复制别的图书情报机构的馆藏文献资源，来满足用户的需求。这种文献资源共享的方法一般在文献资源共享网中进行，但如果网中的图书情报机构没有收藏所需的文献，也可复制网外图书情报机构的馆藏文献资源。

馆藏文献复制的程序是，先由需求方根据用户的需求向供方发出需求函，供方按需求复制后邮回。当然，如果供方与需方相距较近，需方可直接派人去供方复制。复制的方法有多种，一般印刷型文献可采用静电复制，缩微文献可采用缩微复制，视听文献可采用复录。但在复制馆藏文献资源时应有法律意识，对按规定不能进行复制的馆藏文献资源，需方不应向供方提出复制要求，供方也不能复制。因复制馆藏文献供方需要支付设备、材料等费用，供方可向需方收取一定的费用。因这种以文献资源共享为目的的馆藏文献资源复制不同于以盈利为目的的文献复制，其收费标准应以收取成本费用为限。

5. 编发馆藏文献资源信息内部刊物

编发馆藏文献资源信息内部刊物是一种促使用户主动利用馆藏文献资源，达到文献资源共享目的的一种方法。它是通过图书情报机构编发的馆藏文献资源信息内部刊物，如《馆藏文献资源信息通报》《馆藏文献资源信息汇丛》《半月文献荟萃》《每日文献要闻》等，向社会传递馆藏文献资源信息，在引起用户阅读兴趣的前提下，主动利用馆藏文献资源。因此，各类型图书情报机构都应十分重视编发馆藏文献资源信息刊物，以更好地实现文献资源共享。

第三节 文献资源共享的提升策略探析

一、实现信息资源共享对建设智慧图书馆的意义

现今社会信息量已远不能用"巨大"而要用"海量"来形容，用户的信息需求数量也随之增多，要求也复杂多样。任何一个图书馆都不能以一馆之

力实现信息资源的获取与管理。图书馆要满足用户的信息需求及信息的管理利用，必须实现资源共享。现有的图书馆联盟、总分馆建设以及图书馆联合发展都是相应的有力实践。

智慧图书馆互联互通这一特征要求不论时间、地点和方式，都可以通过多种载体形态和不同形式的工具极大限度地利用图书馆的各类信息资源，这些信息资源可以来源于本图书馆，也可以来源于其他图书馆以及信息服务机构。这也需要在成本最优和效益最优的基础上，打破行业间和馆际间的信息壁垒，培养跨载体、跨部门、跨库网、跨系统的信息资源动态交互合作服务意识，实现图书馆的信息资源共享协同。

实现图书馆信息资源的整合与共享、集群与协同，然后再通过无障碍转换、跨时空传输和便利的获取利用是实现智慧图书馆的重要途径，同时也是智慧图书馆的目标之一。可以说，实现图书馆间的信息资源共享是建设智慧图书馆的重要基础，而智慧图书馆的建成也能促进馆际信息资源的共享与协同。智慧图书馆的建设面临许多新技术、新问题和新要求，这就需要现有的图书馆信息资源共享新思维和新策略。

二、面向智慧图书馆的信息资源共享策略

(一) 技术层面的策略

1. 泛在、安全的网络基础设施

互联网技术在智慧图书馆的建设中非常重要，而图书馆的信息资源共享也需要稳定、安全和可广泛使用的网络基础，以支持各图书馆之间的协议和各种各样的核心服务，从而保证信息共享的安全性和隐私性，并且能够防止在未经授权或非预期的情况下获得数据，除此之外还能保证获得授权的用户可以方便地获取相关数据。通过对数据进行加密，以及制定数据使用协议、互联安全协定以及业务伙伴协议等方法保证网络基础设施的安全。

2. 通过新技术促进信息资源更高水平的共享

智慧图书馆的建设需要通过物联网、移动互联网、大数据、云计算等新技术来实现。这些技术对信息资源共享也具有重要作用，通过新技术建立信息资源感知与集群共享的管理系统，在各信息资源机构和信息资源类型间

进行跨域集群及共享，可以使现有的如全国性的 CAUSXASHL 系统和地区性的文献共享系统实现更高水平更大范围的信息资源共享，从而更好地实现智慧图书馆的基础建设。

3. 一致性的安全传输技术

智慧图书馆与各类高科技网络技术密切相关，这也就要求信息资源共享运输技术同样应当是安全、易于配置和可广泛使用的。通过用最少的协议来满足共享的要求是最佳状态。如在数据加密传输的安全技术中，数据如何知道预定的个人或系统是最核心的问题。应当开发和维护一套传输标准以支持各种共享需求，特别是在各图书馆现有基础上通过协调管理确定共享的优先事项。

(二) 政策和标准层面的策略

1. 制定规则及标准

为了实现信息资源的共享，政府应当制定相关的政策和法规，这些规则应当保护共享参与者的权益并促使用户对通过共享获得的信息的使用。除政府之外，非政府组织应积极进行相关政策与标准的制定，促使利益相关者共同解决业务问题，支持政策和机制的发展与完善，以最终促进智慧图书馆的建设。

2. 数据格式及语义标准的一致性

必要的、满足读者用户需求的共同格式是信息资源共享的基石。系统在发送和接收信息时需要格式的一致。当一个图书馆的系统从另一个系统接收到信息资源时，它就需要自动处理信息而不需要人工干预，因此图书馆和用户都应当推动制定和维护一致性的数据格式和词汇标准并指导实施。

(三) 服务层面的策略

1. 安全及标准的服务

信息资源共享服务应该是模块化、安全和基于标准的。应当促使信息资源共享系统在不断变化的环境下更耐用，系统应实现模块化构建，使它们划分成独立的组件并可以连接在一起。软件开发人员应当创建应用程序编程接口（API），用来明确系统如何与另一个系统通过可靠和结构化的方式进行信息资源共享。不同的系统可以通过共享服务共享算法和功能，通过更加稳定安全的共享服务促进智慧图书馆建设。

2. 图书馆与个人合作以提供更高价值的共享信息

图书馆应当共享和利用多来源的信息，并改变和优化对用户提供所需信息的方式，可以做到根据用户的个人喜好来提供信息。智慧图书馆的出发点与归宿仍旧是为用户提供质量更高的智慧服务，如何根据用户的需求实现信息共享，然后实现精准的信息服务，提供更高价值的信息资源，是图书馆信息资源共享的重要要求。

3. 促使个人为信息资源共享的积极参与者

智慧图书馆以人为本，可以让人们不仅能够获得所需信息，更能够通过移动设备、在线服务等形式满足人们对智慧服务的需求。这也要求在图书馆的信息资源共享中，授权个人以更多的权利，从而使每一个人的力量都可以得到发展和释放，促进个人在技术和政策的支持下积极管理所获得的共享信息，并参与到智慧图书馆建设中来。

4. 提供准确可靠的信息资源

智慧图书馆的智慧化服务需要建立在准确的信息资源基础上。通过相关信息资源现有名称或历史用名及描述，从而快速定位所需的信息资源的能力，是保证图书馆信息资源共享有效进行的基石。信息资源共享系统应当包括一个复杂和扩展的图书馆和用户的生态系统，它需要以电子的方式快捷和方便地找到所需要的数据。与此相关的资源定位服务必须支持广泛数据类型间的访问和交换。

简而言之，智慧图书馆将会成为图书馆工作中新的运行模式，也将会为读者带来更加全面的全新体验。它将成为复合图书馆、数字图书馆后的又一种全新形态。尽管当前智慧图书馆的讨论与实践尚处于初始阶段，但相信智慧图书馆将是未来图书馆管理和服务的一个新方向。智慧图书馆将会随着现代信息技术的发展和人们对知识需求的增长而茁壮成长。通过图书馆间信息资源的共享，读者能够在任何时间、地点和设备上都能查阅所需要的信息资源。智慧图书馆能够拥有多来源的海量信息资源，并使各图书馆的信息资源得以最佳利用，这也是智慧图书馆的应有之义。

第六章 智慧图书馆文献资源建设与服务创新

第一节 智慧图书馆知识服务

一、智慧图书馆知识服务的构成要素

智慧图书馆受多种因素的影响，贯穿了智慧图书馆知识服务链条形成、发展、序化、使用的整体过程。根据智慧图书馆的特点，综合知识服务过程生命周期的理论，可以将智慧图书馆知识服务分为四部分，即信息人、信息资源、信息环境、信息技术。而信息人在知识流转链中分别扮演不同的角色——知识的生产者、分解者、传递者、序化者、消费者。

(一) 信息资源

智慧图书馆的信息资源主要包括以下数据：一是用户画像数据，也可以成为读者行为数据，内容分为结构化、半结构化、非结构化，包括用户姓名、性别、年龄、借阅信息等基本属性、用户行为特征、兴趣偏好、社交网络等信息；二是书刊数据，主要是图书馆内藏书的资源，包括 OPAC（图书馆数目管理系统）中记录的期刊纸质资源和数字资源的信息；三是互联网资源，包括图书馆的读者指南、发布的信息、动态的资源；四是社交媒体资源，主要指的是移动图书馆及微博、微信等新媒体资源推送的文档信息数据。

(二) 信息人

在信息生命周期中，信息人的角色分为：知识生产者，如出版机构；知识传递者，如馆配商；知识序化者，如图书馆馆员；知识消费者，如读者；知识分解者，如图书馆职能管理者。以下将进行详细讲解。

1. 知识生产者

知识生产者是知识生态链流转的起点，主导着知识的生产。知识生产者可以是个人，也可以是组织机构，只要是发布图书馆信息，向图书馆的生态系统输入数据，供应给整个图书馆知识生态系统的就是知识生产者。输入的数据是知识生态系统的食物源，现实表现为出版机构、学术机构等；也包括发布通知、公告、推广资源信息的馆员；参与BBS讨论、发布微博、微信信息、产生借还、访问信息的读者；还有如智能盘点、AI门禁、设备、传感器、借还机、智能识别系统等终端设备。

2. 知识传递者

知识传递者是知识生态链流转的通道或媒介，主导着知识的扩散。从上游生产者接收信息，有选择地向下游的序化者传递信息。其是图书馆的知识中转站，常见机构为馆配商、数据库商、第三方服务机构。

3. 知识序化者

智慧图书馆知识序化者是知识生态链流转活动的维护者，主导着知识的序化阶段。其主要职责包括两方面，一方面是整合、存储、清洗、标引、序化、过滤筛选传递者提交的信息，筛选出有用的信息，更好地吸引用户，增加用户的知识消费；另一方面运用智能化手段指派、关联、聚类、分析和决策知识资源的全生命周期信息，处理无序的资源信息，建立集成化的大数据知识服务管理系统。智能化手段包括人工智能（AI）、自然语言理解、分析算法、信息技术等；整理的资源信息包括电子书、电子期刊、视频资源、教学资源等。常见的知识序化者是情报咨询馆员、编目馆员等在图书馆提供智慧服务的人员。

4. 知识消费者

知识消费者是知识服务的对象，是知识服务的体验者和受益者，同时也是知识服务的评价者，主导着知识的消费阶段。知识消费者可以是个人也可以是组织，是对图书馆的知识信息、知识资源根据自己的需求、偏好而搜索利用，进行消费使用，来获取知识的价值。消费使用的过程包括访问、下载、浏览、分析等。最终的消费使用是图书馆信息各环节的最终目的，所以知识消费者在知识资源生态循环中扮演着重要的角色。常见的知识消费者是读者和学术科研机构。

5. 知识分解者

知识分解者是知识生态链流转的终点，主导着知识资源的信息分解阶段。知识分解者的主要职责是对知识信息进行筛选、剔除。常见的是图书馆智能管理者。通过引进智慧的服务设备，制定系列的智慧服务政策，删除过期的信息资源，促进图书馆知识的有效更替，从而更好地进行二次加工，做好资源储备。过期的信息资源主要指过期的书刊、时效性较强的过期数字资源、过期的微博、微信、BBS等通知、公告信息等。

(三) 信息环境

智慧图书馆的服务模式受国家政治环境的影响。如我国通过颁布信息化标准、政策法规，促进了信息化的发展。现在的大数据环境（Internet+, mobile+, App+）体现出响应时间短、吞吐量大的特点，能够促进智慧图书馆营造和谐的知识服务环境，提供更好的智慧创新服务，进而满足人们更高的需求。

(四) 信息技术

信息技术的发展能够不断满足人类美好的需求，图书馆是信息技术主要的应用主体之一。智慧图书馆通过现在的信息技术不断推进信息资源的组织形式，满足了图书馆信息化建设的需求，提高了图书馆信息化建设的效益。现在图书馆知识服务系统应用的信息技术主要包括人工智能（AI）、物联网、云计算、大数据、3D虚拟技术、GPS、H5技术，人脸识别、语音识别、RFID和OCR识别的智能识别系统、智能盘点设备、各种触摸媒体。图书馆知识服务系统主要包括图书馆的云存储、物联网、AI智能设备、知识共享空间、智能盘点系统、智能暑假、智能监测系统等。

二、基于共同心智的智慧图书馆知识服务

(一) 共同心智模式的相关概念

第一，心智其实是人们通过对已知事物产生的生物化学反应而实现的动力总和。通过学习知识、吸取他人的经验以及教训，将其转化为自身的能

力。每个人都有心智，但是每个人的心智都不相同，这也造就了人生轨迹的不同。

第二，心智模式是人的大脑在接触外界事物之后得到的反馈。心智模式可以帮助人们认知世界、理解世界以及观察世界。在日常生活中，人们绝大多数时间都与外界事物进行重复的互动，当心智模式对大脑以及外界事物进行重组时，可以使人类对这些事情做出迅速的反应，更快地适应外面的生活环境。

第三，共同心智模式是团队中每个人都有独立的心智，为了更好地完成任务和工作，使所有人都向同一个目标努力，就需要每个人及时调整好自身的状态，更快地融入工作中，与其他成员共同努力，使团队更高效地完成目标。共同心智模式概念的提出有助于理解和解释为什么不同的团队在完成同样的任务时有着不同的质量和效率。

(二) 共同心智模式下智慧图书馆的知识服务内容

1. 图书馆与读者之间的共同心智

从图书馆的角度来看，当读者使用图书馆的计算机查询资料时，其就可以使用智能技术调取读者的历史访问记录，分析读者的爱好以及习惯，进而与读者达成共同心智。当读者和图书馆达成共同心智以后，图书馆就会为不同的读者推出个性化的智慧服务。如果读者只是借书和还书，图书馆就要在每层设立自助借还书系统，这样可以为读者提供方便。自助借还书系统就和火车站自助取票系统一样，完全自助化，使读者在最短的时间完成图书的借阅和归还。自助借还书系统要详细记录读者的借阅以及归还，根据这些记录对读者的喜好以及习惯进行分析，进而通过智能技术为其推荐图书。

2. 馆员之间的共同心智

图书馆内的所有馆员就是一个团体，其目标是让图书馆更好地发展。中国的图书馆有着不同的服务态度和服务质量，造成这种情况的原因除资金紧张以及技术落后以外，还有就是图书馆的馆员不同。图书馆有很多部门，每个部门的职责都不一样，所以每个馆员的工作也不相同，但是面对工作，每个部门的馆员都应该及时沟通交流，特别是同一个部门更应该随时沟通，避免工作上出现问题。只有当馆员之间进行有效的沟通和交流时，才能达到共同心智，进而提升工作效率；出现紧急情况时，大家还能齐心协力地解决问题。

除此之外，各个图书馆应打破传统的保守思想，让各个馆的馆员之间进行沟通和交流，通过吸取其他馆员的经验和教训，与之达成共同心智，进而提升自身的能力，这有利于图书馆未来的发展。在条件允许的情况下，可以让全国甚至全世界图书馆的馆员进行有效的沟通和交流，在开拓自身眼界的同时，能够提升自己的业务能力，并为读者提供满意的服务，这也能让读者在接受服务的同时提高自身的心智，进而达到图书馆的初衷。

3. 馆员与读者之间的共同心智

对于图书馆来说，其主要职能是为人民服务，读者就是其灵魂所在。现在的图书馆设施越来越先进，信息和资料也多种多样，但是读者人数并没有因为这些条件而增多，这说明广大读者在意的并不是表面的东西，而是在追求人文智慧服务。图书馆可以通过智能技术为读者提供许多便利服务，但是有些东西是其不能传达的。

读者和馆员要想达成共同心智，需要改变馆员被动服务的观念。馆员的主要目标是将文献资料推荐给需要它的读者，将知识传递下去，起到推广的作用，为社会的发展贡献一份力量。因此，图书馆的馆员已经超越了图书管理员的范畴，通过自己的智慧将文献资料中的信息更好地传递到社会的每一个角落。其不仅是智慧与社会之间的桥梁，还是图书馆智慧的传播者，这样的图书馆馆员以及服务才能更好地推动社会的发展。馆员在改变自己的服务观念时，要注意以下三点：

第一，图书馆的馆员在工作中不仅需要学会"看书"，还要学会"用书"，可以通过阅读资料及时了解社会的发展趋势，进而增加知识和智慧，提升自己的心智。在中国的历史发展过程中，许多伟人都曾经在图书馆工作过，从中学习知识，增加自身的知识储备以及智慧，利用自己所学，为社会的发展贡献自己的力量。

第二，读者在图书馆查阅资料时，馆员应该积极主动地与读者进行沟通、交流，通过自身的知识储备更好地帮助读者，最好与读者达成共同心智，了解读者的需求，进而更高效地为读者提供服务。读者基本都会接受馆员的帮助，这种智慧图书馆的知识服务模式很受读者的欢迎，让读者有一种宾至如归的感觉，这种舒适的环境读者自然会很喜欢。由此得出，人文智慧对图书馆未来的发展起着至关重要的作用。

第三，读者与读者之间产生共同心智。读者来到智慧图书馆，对其提出自己的需求，智慧图书馆就会用智能技术将所有这种需求的读者进行匹配，形成一个虚拟社区，这个社区里都是有相同需求的读者，大家可以通过学习和交流解决自身遇到的问题。在这个过程中，大家通过不断的沟通交流，获取一定的知识，进而提升自身的心智，与其他人达成共同心智，有效地解决问题。与此同时，各个社区之间也可以进行沟通和交流，分享自己的经验，推动大家共同进步和发展。

第二节 智慧图书馆的读者服务

一、图书馆读者认知

图书馆读者是图书馆服务的对象，图书馆的一切业务活动，都是以组织和指导读者的阅读活动为目的。作为一种社会的宣传教育机构，图书馆的各项社会功能都体现在读者阅读活动的效益上。读者是接受图书馆作用的对象，读者的阅读活动时刻都在受图书馆工作的影响。

（一）图书馆读者的划分

读者在图书馆扮演的角色是双重的，从文献阅读的角度来讲，其是主体。从资源建设的角度而言，其又是客体。我们在定义读者的内涵时，将其认为是能够对各种资源有一定的接受能力的对象。从当下图书馆建设的情况来看，读者在信息交流过程中扮演的是核心角色，他们要从自身出发发出信息，还要对信息进行综合处理、客观评价。同时，公共图书馆为了将其内在的潜力激发出来，必须在管理建设方面加大力度，提前将读者有关工作做到位，将馆藏文献的价值充分发挥出来。同时，在对每一项工作进行细化时，首先要对读者的类型有一定的了解。[①] 实际上，我们可以对读者进行如下几

---

① 王记敏.浅论网络环境下图书馆的读者服务工作[J].郑州牧业工程高等专科学校学报，2014，34(01)：77—80.

个方面的划分：

1. 以读者对图书馆文献的使用情况为标准划分

就文献的角度而言，根据读者对其应用的差异，我们可以将读者分为以下几种。

（1）文献型读者。这种类型的读者指的是在获取信息的过程中以检索纸质文献、阅读纸质文献为目的的读者。他们由于自身资源获取的特殊性，对于纸质文献有着较强的依赖。有时，他们对于纸质文献的偏好也是由于对网络资源的获取渠道掌握不够到位，对数字资源的使用不甚熟悉，才会更多地选择纸质文献进行阅读。

（2）网络型读者。这类读者对于网络的使用十分熟悉，他们也对数字信息十分敏感，习惯依赖平台进行资源的检索。公共图书馆当中的不少信息只能通过电子平台进行检索，这也是弥补纸质文献缺失的一种有效形式。

（3）混合型读者。综合使用上述两种文献检索方式的读者，我们将其称作混合型读者。他们既会选择电子平台进行文献检索，也会利用纸质文献查阅知识，对哪一种方式都没有特殊的偏好。他们会结合自己需要检索的文献选择不同的方式，这样的读者能够获得更加全面和科学的信息。

2. 以读者所处的空间为标准划分

就读者所处空间不同的角度来说，我们可以将读者分为以下几种。

（1）馆内型。馆内型读者指的是前往图书馆进行信息检索，获取自己所需知识的读者。我们通过比较现代读者和传统读者的差异能够发现，他们虽然存在部分一致化特征，但是在实现途径方面存在着明显的差异。

（2）远程型。远程型读者指的是利用现代化的各种媒体，通过账号登录等方式进行信息检索的读者，他们会以远程的路径进行信息定位。目前，计算机的普及化程度越来越高，数字资源的类型更加多样，这种类型读者的数量较之前出现了明显的增长。

3. 以读者的授权情况为标准划分

就读者授权的现实实践而言，我们可以将读者分为以下几种：

（1）借阅证读者。这种类型的读者会凭借其借阅证进入图书馆。他们的信息检索方式不会受到限制，可以选择纸质阅读，也可以选择登录账号访问图书馆的网站。

(2) 授权读者。没有办理图书馆借阅证，但是已经完成基本的注册流程的读者属于这一类型的读者。他们会通过图书馆的信息指引授权检索。这种类型读者需要合法的登录授权，他们的信息也会受到保护。

(3) 未授权读者。这种类型的读者指的是被图书馆授权登录网站，却没有下载权限的读者。他们对公开的信息具有访问权限，但是对于馆内信息没有下载权限。

(二) 读者范围与重点的确定

确定读者范围与重点，有利于图书馆提供区别服务和进行充分服务，使图书馆的人、财、物得到最大程度的利用，并产生更多的经济效益与社会效益。

在不同范围的读者群中，客观上存在着重点读者与一般读者的区别。重点读者是图书馆的服务对象和研究对象。确定重点读者，要把图书馆和读者两方面的情况结合起来考虑。一方面要考虑图书馆的主要性质、任务和藏书重点是公共性的，还是教育性的；是研究性的，还是普及性的；是为教学和科研服务，还是专门为研究服务；是为经济建设和科学研究服务，还是为普及科学文化服务；等等。另一方面要考虑读者是担负研究任务的、系统自学的，还是一般阅读的；是经常利用图书馆的，还是偶尔利用图书馆的；是能经常反映阅读需要和阅读效果的，还是不常同图书馆保持联系的；等等。根据图书馆的实际情况，确定不同类型、不同成分的重点读者；根据读者的实际需要情况，确定重点读者的发展条件。一般说来，图书馆的重点读者类型，包括研究型读者和自学型读者两种类型，其中，经常利用图书馆并同图书馆保持密切联系，而又能积极反映阅读需要和阅读效果的个人读者、集体读者或单位读者，都可以被选择发展成为图书馆的重点读者对象。

公共图书馆和各类型单位所属图书馆，确定读者范围、读者重点与读者数量，有明显的区别。

各类型单位所属图书馆，面向本单位的全体成员，读者范围和读者数量以本单位的全体成员为限。如一个学校的师生、员工，一个研究单位的研究人员和工作人员，一个厂矿的工人和技术人员、研究人员和管理人员，一个机关的所有职工，都是该单位图书馆特定范围和特定数量的读者群。在这些特定范围的读者群中,再选择某些担负研究任务或学习任务而又经常利用图书馆的读者,作为本单位图书馆的重点读者对象。

各级公共图书馆面向本地区的全体社会成员,读者范围广泛,成分复杂,人数众多,不可能让人人都成为它的正式读者,必须有所选择,有所限定。因此,发展正式读者,调整读者队伍,是各级公共图书馆的经常性工作。

发展正式读者,要考虑三个方面的因素:第一,本馆的可能条件,包括为科学研究和大众服务的两项任务,文献资源的种类、规模、成分与比重,业务人员的数量与能力,空间容量与设备条件,等等;第二,本地区经济文化发展的实际需要,包括本地区经济特点,科学文化教育事业的状况,所在地区内厂矿企业、科研单位、机关学校、居民委员会及各行各业、各阶层中需要利用书刊资料而本身资料又很缺乏的单位和个人,将作为读者发展对象;第三,本地区图书馆事业发展状况与馆际分工,一般不发展其他图书馆的读者作为公共图书馆的正式读者。个人读者一般就近就地利用图书馆,特殊需要可通过单位,建立邮寄借书关系,或通过馆际互借方式加以解决。

调整读者队伍,也要综合考虑三个变化因素:第一,本地区经济建设和科学文化教育事业的发展变化情况(如体制改革、机构调整、经济成分变动、工程技术与研究项目发展等)会直接、间接影响读者队伍的变化。第二,由于读者队伍的实际变化(如经过一定时期后,相当一部分读者,由于工作调动、职业变化、单位撤销、居住搬迁等原因),读者领取借阅证后长期不利用图书馆,空证率高达一定比例,而许多需要利用图书馆的读者领不到借阅证件。还有部分读者不符合本馆正式读者条件等。第三,馆藏书刊流通失调情况。如有些藏书成分因无相应读者利用,未发挥应有作用,而需要利用这些藏书的单位和个人不是图书馆的正式读者等。因此,定期验证核实,调整、撤销不适宜的读者,发展新的读者,增减各类型读者成分数量比例,使读者队伍的构成与社会实际需要相适应,与馆藏文献资源结构相适应,与本馆任务和能力相适应。经过调整,不断提高图书馆读者队伍的质量,使应该为社会利用的藏书充分开发利用,使应该利用图书馆的社会成员成为图书馆的正式读者。

公共图书馆一般在三五年内,重新制订读者队伍发展计划。计划中应提出发展读者总数量，各种类型、各种成分读者的具体数量，一般读者与重点读者的条件和名额，规定读者登记、验证时间、办法及具体措施，做到有计划按条件而又公开地发展读者。

公共图书馆的读者范围体现公共性特点。以省级图书馆为例，其服务对象在地区范围内要面向全省，不仅是省会所在地；在对象范围上，包括党政军领导机关，科研、生产部门和文化教育部门，以及各行业、各阶层的广大群众和青年；在文化程度上，有中学文化程度、博士、大学、大专、中专文化程度，有初级、中级和高级职务的各类读者；在学科领域中，有搞哲学社会科学的，有搞人文科学的，有搞自然科学和技术科学的，涉及当今中外一切学科领域。在广大范围的读者群中，正式读者主要集中在省会所在市区。个人读者一般区分为普通读者和科技读者两大类型，其中普通读者的数量比科技读者高2倍以上。两类读者在借阅范围、借阅数量、借阅期限以及服务方式上都有不同的权限与模式。在两大类型读者中，按照一定的条件，都要进一步区分一般读者和重点读者，构成公共图书馆的重点服务对象。

发展重点读者，可以在图书馆读者队伍中，通过申请、选择确定重点服务对象。选择重点读者的条件是：担负生产、科研任务、需要经常利用图书馆文献资源，并能经常向图书馆反映借阅效果的专业读者。一般说来，经过申请并选择确定的重点读者，大多是工厂、科研所的工程师、大学教师，或其他系统相应职务的专业人员及管理工作者。重点读者享有优惠待遇，如放宽借期、增加借书册数，实行预约借书，并建立专门档案。有条件的图书馆可以进行跟踪服务、送书上门、个性定制、个性代理等服务。

在一定区域内，图书馆正式读者所占各类社会成员的范围、重点和数量比例；在整个国家或整个地区中，读者成分、读者类型的广泛程度，读者数量比例大小，可以说明两个问题：第一，可以说明图书馆事业的发展程度；第二，可以说明图书馆文献资源的开发利用程度。在一个单位之内，各种成员利用图书馆的情况，可以反映这个单位图书馆的地位与作用。

(三) 图书馆读者服务工作体系

读者服务工作具体是指图书馆为读者提供一系列有关图书馆信息查阅、文献管理的特殊服务。此服务工作具备一定的特殊性，这是因为图书馆是为了能够更好地开展才为读者提供一系列服务,满足广大读者对阅读的需求,读者服务工作的实习与核心是为了更好地传递信息。

从日常生活的角度来看,读者服务工作主要是不断进行众多文献的分类、整合、管理,让文献更加有条理,并且能够为读者提供相对完善的文献信息,让读者真正地掌握全面信息,进而实现图书馆面向读者的服务工作。

服务是为读者工作的核心与基础。随着社会的不断进步,图书馆的建设逐步实现现代化与智能化,图书馆不仅可以为读者提供纸质版的书籍,还能够带给读者更为优质的阅读体验。图书馆设有智能系统,能够完成图书搜索、自主资源、专题讲座等各具特色的服务,而且还包括电子文献、数据库文献、网络文献等联机联网的自动化、现代化服务。图书馆读者服务的宗旨和原则是"读者第一、用户至上,一切从方便读者出发"。

1. 读者服务工作的意义

读者服务是为在读者阅读的过程中提供优质的服务,实质上是图书馆实现其固有价值的重要体现。读者服务应尽可能满足读者的一切阅读需求,这样也能够更好地完成图书馆的现代化建设,实现图书馆的潜在价值。由于我国科技水平的不断提升,尽管图书馆能够为读者提供相对优质的服务,但仍然存在着一系列的问题与挑战,主要体现在三个方面:①文献激增。随着互联网行业的兴起,日常生活中的信息量以指数形式增长,导致传统意义上的图书馆已经无法满足读者的需求,无法及时更新并完善信息。②文献类别的转换。随着信息时代的到来,数字文献占据了主导作用。③读者需求的改变。读者需求必然会不断提升,这对图书馆的服务带来了新的挑战。综上所述,图书馆应当深化改革,工作人员应当提升服务质量。

读者服务工作对读者和社会发展具有重要意义,服务工作在图书馆工作中扮演着重要角色,只有不断完善读者服务工作,才能更好地将读者与社会建立联系,进而促进社会向更快、更好的方向发展。图书馆应当重视文献信息之间的互通与交换,由于不同读者对文献的要求存在一定差异,为了能够为读者提供更为优质的阅读服务,图书馆应当更有针对性地为读者提供服务。图书馆的工作重心正在进行转移,这是因为服务读者的方式方法发生了巨大的变化。

2. 读者服务体系的构成

随着读者服务的逐步完善，智慧图书馆为读者提供的服务只会越来越优质，读者体系也在不断完善，各个体系之间的联系变得更加密切，这更有助于图书馆实现其自身价值。读者服务体系的具体组成部分包括以下几种：

（1）交互服务。此服务在图书馆服务工作中扮演着十分重要的角色，主要包括办证、阅览、外借服务。

（2）馆际互借与文献提供服务。包括从文献代查代借到网络原文传递。

（3）复制服务。包括从印本文献复制到多载体文献复制。

（4）网络服务。这是图书馆提供读者服务的重要体现。伴随着时代的不断变迁、社会的不断进步，网络服务显得越来越重要，其中参考咨询服务得到了飞速发展，从咨询台定点、定时服务到电话、电子邮件、网络咨询服务；从单一的目录检索信息到智能化、现代化信息检索、光盘使用，建立了相对完善的检索系统，并提供优质的咨询服务。

（5）多媒体视听服务，主要有 VOD 视频点播、电脑在线学习、集中视听、音乐欣赏等。

（6）学科馆员服务。这是图书馆的新型服务方式，包括个性化信息定制与推送服务、建立学科信息门户网站等。

（7）咨询与查询服务。图书馆服务工作可以为读者提供全面的文献信息，图书馆通过对文献进行整合、分类，最后将加工处理后的文献呈现在读者面前，这一系列工作无形之中增加了文献的价值。图书馆通过开展追踪读者服务、调研服务等更为优质的服务推动图书馆的发展。在 5G 时代到来之际，图书馆做出自我变革和发展逻辑调整，已成为时代发展的必然选择。

（8）情报研究服务。包括决策情报和学科情报研究，主要形式有研究报告、综述、预测分析报告等。

（9）读者培训服务。图书馆为读者提供免费、一体化的培训服务，主要通过共享图书馆资源、工作人员、知识体系等方式，完成读者培训、上门培训等，扩大读者的知识面，提高其信息利用技能。

（10）科学文化传播。包括会展、专题讲座、报告会等。

二、智慧时代图书馆读者服务的转变

社会在发生着巨大的变革，技术更新、新的发明、产品的诞生等都是新社会背景下发生的崭新变化。特别是近些年来互联网、数字化进程的逐步加快，使得人们认识世界有了更加广阔的平台。此外，现代技术与图书馆行业发展的密切结合使得内外部运作体系发生了较大的变化。面对这一崭新的变化，图书馆需要转变思维，将"人"放在突出的位置予以强调，也就是要时刻关注读者的自我需求，突出强调读者的心理诉求。这也意味着原有的封闭状态被打破，迎接读者的是一种更为开放的格局，他们不再是被动地接受知识，而是主动在知识的海洋里遨游。换言之，互联网的快速发展使读者服务较之前发生了明显的变化，未来它将会持续深化和拓展。我们可以从以下几个方面进行理解。

(一) 图书馆形成了新的读者服务理念

智慧时代下，信息竞争的势头愈来愈猛，我们只有真正站在读者的角度思考问题，考虑读者的发展诉求，尽最大可能争取读者的支持，才能真正打赢信息争夺战役。面对这一背景，图书馆就应该顺势而上，树立新的读者服务理念。

(1) 读者是图书馆读者服务的主体。图书馆需要服务的群体众多，读者是其中重要的组成部分，是图书馆服务的主体。对于广大的图书馆而言，要乘势进行改革，将读者的满意作为衡量自身的一个重要指标，让他们通过阅读能够得到精神的洗礼。此外，还要定期收集他们的意见，将部分合理、科学的意见汇集起来予以采纳。在这样双向互动的过程中，读者的主体性能够得到最好的体现。

(2) 注重图书馆读者服务的细节。上文已经提到，图书馆最重要的特性之一就在于其服务性。特别是在现代社会里，图书馆的服务价值表现得越来越明显，它的重要使命之一就是为读者提供高效、科学、优质的多元化服务。图书馆是文化传承的纽带，是为社会文化事业蓬勃发展做出突出贡献的重要组织。图书馆要想获得更加广阔的发展空间，就需要具备"营销"的思维。怎样将其真正落实到位，做大做强，需要我们深入进行研究。所以，将

"营销"思维与图书馆建设相互结合就是当前十分紧要的一个任务。[①]

图书馆的服务质量涉及众多的细节。我们可以这样认为，读者对服务的满意与否其实是由细节做得是否到位决定的，不管是任何一个细节，都有可能影响读者对图书馆的看法，但凡其中有一个细节存在问题，读者就会不够满意。因此，对于公共图书馆的建设而言，应该关注每一个细节。

（二）图书馆读者服务内容日益丰富

传统背景下，图书馆当中的资源大多数是以纸质的形式呈现，服务的主体内容包括浏览、阅读、流通、评估、咨询等。在这些业务之中，最常见的是书籍借阅。所以，其服务形式还缺乏多元性。在互联网背景下，图书馆服务内容将会变得更加丰富，集中表现为下述几个方面：

第一，互联网背景下，图书馆会对各种信息进行收集，这也有助于将信息资源的价值充分挖掘出来。然后，再结合用户的多元化诉求进行数据资源的建设，进而以互联网为依托向读者提供高质量服务。

第二，网络与图书馆的密切结合使原有的物理空间发生了明显的转变，其动态虚拟特征体现得更为明显，包容性特征也得到了淋漓尽致的展现。读者可以通过邮件、网络传输等途径检索资源，实现高质量的"远程协作"。

（三）图书馆以读者为中心的服务流程逐渐优化

随着图书馆的不断建设，各个图书馆会结合本图书馆的发展特征、馆舍建设情况、文献类型等要素，打造适合自身发展的流程。然而，互联网环境下，无论是读者的思维、阅读形式还是自我习惯都较之前发生较大变化，传统背景下的服务流程与读者诉求产生了一定的矛盾，在这一背景下，图书馆越来越关注读者的精神需求，读者的地位得到了空前的强化。

要真正实现以读者为中心，就要时刻关注读者行为，以读者的需求为导向。也就是说，要观察、考量、发掘、利用读者的自身行为特征。不管读者和图书馆的关系究竟如何，读者的基本目的都是获得更多的信息，挖掘丰富的知识，因此图书馆的一切活动都应建立在读者需求的基础之上，从而打

---

① 王凤艳.网络环境下的图书馆读者服务工作方法探索[J].产业与科技论坛，2020，19（01）：252—253.

造真正的"读者中心"。

三、智慧图书馆读者的组织管理

(一) 智慧图书馆读者信息资源管理

读者信息资源是指读者个人信息及其利用图书馆资源的历史记录。它是图书馆迅速、客观地评价读者利用图书馆的依据；是图书馆加强读者、馆藏文献资源研究，改进图书馆服务、调整馆藏策略的第一手资料；是图书馆开展人工或自动推送服务的便捷通道；是图书馆与读者保持长久联系的纽带和桥梁。

1. 读者信息资源的内容

读者信息资源主要包括读者注册信息、读者利用图书馆馆藏资源的历史记录、读者阅读需求信息以及读者活动参与信息等。

(1) 读者注册信息。主要包括读者姓名、照片、性别、年龄、学历、职业、职称、所学专业、研究课题、学习方向与爱好、通信地址、电话、手机号码、电子信箱、借阅权限等。

(2) 馆藏利用记录。主要包括图书馆借还书记录、超期记录、违章记录、互借记录、预约记录、通借通还记录、检索查询记录、定题服务记录等。

(3) 阅读需求信息。主要包括建议需求、送书上门需求、代购图书需求等。

(4) 活动参与信息。主要包括参与图书馆活动组织与策划、参与图书馆文献资源建设、参与图书馆志愿活动、参加读者工作委员会等。

2. 读者信息资源管理的原则

加强读者信息资源管理，有利于图书馆全面了解和掌握读者的翔实资料和需求动态，为其提供人性化、个性化服务，并以此为基础，建立基于读者价值的服务文化；有利于图书馆发展重点读者，利用读者资源开展增值服务，提高办馆效益；有利于图书馆建立以读者为中心的、高度整合的、完全有效的绩效评估体系。为此，图书馆一定要重视读者信息资源的管理，并在管理过程中坚持以下原则：

第一，信息清晰原则。信息清晰是图书馆进行读者信息资源管理的前提和基础，如果读者信息模糊不清，那么管理也就流于形式。为此，读者填写基本情况以及需求信息时，图书馆服务工作人员应要求读者书写工整，如有不清晰的情况，应及时修正，从而保证读者信息资源管理的有效性。

第二，信息翔实原则。读者信息资源的管理是为了充分利用，如果读者信息资源不真实、不详细，也就失去了利用价值。为此，在进行读者信息资源管理过程中，图书馆服务人员除要求读者填写基本信息要翔实外，自己所记录的读者的参与信息、需求信息同样也要翔实，否则读者信息资源的利用将大打折扣。

第三，分类科学原则。读者信息资源的分类是读者信息资源管理工作中最重要的基础之一。分类的目的是便于检索、查找和管理，为此，图书馆可结合自身的实际情况，委派有经验的档案管理人员或读者服务部门相关专业人员对读者信息资源进行统一、科学、规范的分类。

第四，存取便利原则。读者信息资源的管理有两种方法：一种是利用计算机进行管理。将读者信息资源按设计好的格式输入计算机，用软盘或硬盘保存；另一种是实行纸质盒装管理。将读者的基本情况、所需参考书目记录、阅读记录、需求记录、参与记录等信息，进行系统、全面的分类整理，参照档案管理经验，建立统一目录和索引，为调阅提供方便。

3.读者信息资源管理的方法

图书馆要建立结构合理、较完善、信息较全面的读者信息资源管理体系，可实行纸质信息资源和电子信息资源管理双轨制的管理方法。

(1)纸质信息资源的管理方法

纸质信息的管理分收集、整理和保存三个步骤。

第一步，收集。读者信息资源一般分散于多个读者服务窗口，如读者服务部有读者基本信息、咨询信息、投诉信息、留言信息、活动参与信息等；图书馆借阅部、期刊部、参考咨询部有读者借阅信息、需求信息、留言信息、志愿参与信息等；少儿部有读者借阅信息、小馆员参与信息、活动参与信息等。针对读者信息分散于各部门的特点，图书馆应建立读者信息资源收集制度，规定由专人负责，每周或每月定点定时进行收集。在收集过程中，应制定规范的读者信息收集流程，厘清职责，避免读者信息资源不清晰、不详细，丢失时互相推诿责任现象的出现。

第二步，整理。读者信息资源收集后，应由专人进行分类整理。在分类整理过程中，分类不宜过细，因为读者信息资源的数量比较多，分类过细工作量就会增大，管理成本也会相应提高。为此，读者信息资源的书面管理可按读者基本信息、借阅信息、投诉信息（含留言信息、电话、网络或信函投诉）、咨询信息（含口头咨询、网络咨询、电话咨询与书面咨询）、参与信息等大类进行，并分别制作目录和索引，标明哪些可进行长期保存，哪些可进行临时保存。

第三步，保存。读者信息资源收集整理后，应对其保存制定相关的制度，如临时性保存的时限、长期保存查阅制度等。

(2) 电子信息资源的管理方法

电子信息资源的管理包括建库、维护与管理等环节。

第一，建库。读者信息资源数据库的建设应建立在图书馆业务管理平台的基础上。目前大部分图书馆业务管理系统都能保存和处理读者基本身份信息及借阅信息，但对于读者咨询、留言、投诉、建议、参与活动等却缺乏记录和保存功能。对于这部分读者信息，可通过增加图书馆业务管理系统读者数据库功能模块的方法实现信息的同步记录和保存。

第二，维护与管理。读者信息资源数据库是动态的，因此，在维护与管理过程中，一定要强化责任意识，做到及时备份、更新与维护。同时，还应建立严格的保密技术措施，按功能进行授权利用。此外，还应做好纸质信息资源与电子资源的"互见"工作，便于查验利用时相互参照。

读者电子信息资源的管理相对于纸质信息管理来说，具有查询、检索、统计、分析、研究等功能和管理快捷等特点，因此，在当今信息和网络时代，图书馆应加大读者电子信息资源的建设和管理力度。

(3) 读者信息资源管理过程的注意事项

第一，加强保密意识。读者信息资源特别是个人身份信息、需求信息等均具有一定的保密性。为此，在管理过程中，一方面要加强工作人员职业道德教育，不得向其他人透露读者个人身份信息；另一方面还须防止业务系统漏洞，避免读者信息在网络上被泄露或流传、转卖。

第二，严格利用制度。读者信息资源的管理是为了利用，但在利用过程中，为了防止读者信息外泄，引起不必要的麻烦，图书馆一定要严格遵守利用制度，非图书馆相关人员或读者本人，如没有领导批文均不得随意利用。

第三，加强保护意识。读者信息资源中，诸如读者参与活动比较好的照片、比较好的留言等对图书馆馆史的编写、服务效果的展示有极大的帮助，应加强对这部分资源的保护。

第四，尊重个人隐私权。未经个人许可，任何个人或团体不得在读者有生之年调阅或利用读者档案，各种层次的读者档案，保存的期限长短不一，具体办法由各馆自行拟定。

有了读者信息资源，图书馆可以快捷、方便地为读者开展各种服务，如图书到期提醒，发送提醒邮件到读者设定的电子邮箱、地址，或发送提醒短信到读者设定的手机号码；也有利于图书馆了解读者的阅读倾向，图书馆可以设置软件，自动跟踪，分析重点，定时向读者推荐文献与信息，实现智能化、个性化服务；图书馆还可以根据档案及读者要求，自动为读者建设个人图书馆，提供个性化信息资源服务。

(二) 智慧图书馆读者外借服务的管理

外借管理是指图书馆藏书在读者流通过程中一系列组织布置和技术处理工作，能够充分发挥图书馆资源优势，解决或调整有限馆藏与无限需求之间的矛盾，方便、快捷地为读者提供借阅服务。

1. 外借服务的特点

外借服务是满足读者将部分藏书借出馆外自由阅读的方法，是图书馆传统的最基本的服务方法之一。读者根据自己的需要到图书馆挑选书刊，按照一定的程序办理借书手续，把书刊带出馆外，在图书馆限定的时间内，自由安排阅读时间，并对书刊承担保管义务。一般来说，外借服务有以下特点：

（1）外借处拥有一套读者登记档案，有了解和研究读者的便利条件。图书馆员通过读者登记档案，可以了解读者队伍的基本情况、阅读兴趣特点、阅读需求发展趋势等。

（2）外借处根据读者提出的具体要求，将书刊借给读者，这是一种被动的服务方式，但它在满足读者特定的需求方面具有重要的意义。

（3）外借处在日常借书还书的工作中经常接触读者，最能了解读者需求的状况及发展趋势，是开展文献提供和宣传辅导活动的基础。对全馆其他部门来讲，也是了解读者反馈信息的重要依据。

外借服务也有一定的局限性。如果读者类型不同，外借书刊的品种、数量、借阅期限及借阅范围都有一定的限制。

2.外借处的设置

不同类型的图书馆根据其性质、服务对象和各种具体条件可设置不同的外借处。

普通外借处。又称总出纳台，是利用本馆的基本藏书为全部或大部分读者服务的基地。总出纳台除对读者个人办理借还书刊的业务，还对本馆各分科借书处、各阅览室及单位其他部门办理提取书刊的业务。

分科借书处。是为不同读者设置的外借处，如公共图书馆的少儿外借处等。这种外借处的服务对象单一，便于掌握读者的阅读特点，方便图书馆有针对性地开展服务。

随着现代技术的进步，目前，国外有些图书馆并不在馆内设置出纳台，借阅一般通过自助服务，同时，在图书馆门口和校园里放置一些还书箱，读者只需把要还的文献放进还书箱里即可。图书馆每天有专人负责将这些文献收集在一起，运回图书馆。

第三节 智慧图书馆阅读推广服务

阅读是人类传承文化的重要手段，是提高国民素质和国家文化软实力的重要途径。图书馆不仅是推动全民阅读的重要力量，同时还肩负着文化传承与推广的使命和职责。如何结合阅读推广活动，发挥专业优势，彰显行业价值，引领社会形成阅读文化，提升国民文化自信，就成为图书馆研究的重要课题。

一、图书馆阅读推广的基础知识

（一）图书馆阅读推广的内涵

图书馆是一个国家或民族最基础及核心的阅读推广主体之一。欧美各国阅读推广事业的发展，往往是在国家政府的引领下出台相关法案或计划，发动学校、图书馆、医疗机构、社区、教堂、出版社、书店等相关机构，携手营造全社会重阅读、促阅读的文化氛围，进而推动社会阅读的发展。由于现代意义上作为书刊及知识信息提供中心的图书馆在我国出现的历史并不长，因此阅读推广在我国的发展与欧美各国不尽相同，呈现与我国图书馆事业发展水平紧密相连的态势。

图书馆阅读指导或导读是一个宽泛的概念，涵盖了图书馆使用指导、阅读内容与方法指导、目录及工具书使用方法指导、文献检索知识教育等所有指导、引导或辅导读者利用图书馆、文献与阅读的服务及活动。从图书馆重点工作演变历史来看，过去被统括于导读工作范畴的内容逐渐分化并进一步拓展，成为专门的实践及研究领域，如参考咨询、信息素养教育，以及而今应时代需求脱颖而出的阅读推广。图书馆作为藏书机构和阅读的公共场所，推广阅读也是其存在的初衷。

20世纪，我国图书馆事业还处于建立图书馆网络、健全现代图书馆服务功能的状态，阅读推广意识较弱，阅读推广活动较为零散，其目标、理念、模式、规模等与当今提出的阅读推广均不可同日而语。

在国家政府层面对于全民阅读问题的重视与支持，以及中国图书馆学会阅读推广委员会的多方引领下，我国阅读推广事业近十年来发展迅猛。中国图书馆学会通过建立阅读推广专业委员会，召开阅读推广峰会，评选示范基地、优秀组织、优秀项目，开展阅读推广人培训，组织出版阅读推广教材等方式，地毯式推广阅读工作。中国图书馆学会阅读推广委员会下设的分委会数量逐渐增多，个数已从创建当年的15个增加至21个，每个分委会的人数在25人左右，吸纳了大量的阅读推广人员。自2006年起，中国图书馆学会开始组织召开"全民阅读论坛"，至2018年，已连续开展12届。2013年开始举行"全民阅读推广高峰论坛"。各分委会也举办了很多极具特色的研讨会，如经典阅读推广委员会于2013年开始举办"经典亲近边疆·边远行"。这些研讨会的举办，对于阅读推广理论与实践的发展起到了积极的推动作用。为激励及表彰全国阅读推广工作的开展，中国图书馆学会设立了"全民阅读示范基地""全民阅读先进单位""全民阅读优秀组织""阅读推广优秀项目"等评选活动，这些评选活动得到了社会各界广泛的响应。在建设全民阅读社会的呼声下，图书馆、出版社、书店、传媒机构、营利性机构（如亲子教育机构、国学培训机构、会员制的图书出借机构、移动阅读平台研制者）、学校或研究机构、政府及相关公益机构、社会团体（如志愿者组织"故事妈妈"）、个人等纷纷加入阅读推广大潮中来，从各自的视域开展了丰富多彩、各具特色的阅读推广实践，为整体社会性阅读推广做出了积极的贡献。

作为阅读推广的核心机构，对于阅读推广工作在全局工作中的位置发生了较大变化。过去部分图书馆也会举办一些展览、讲座、读书竞赛等推动阅读的活动，但往往处于零星的、可有可无的、非系统非常态的状态。在目前世界性的阅读推广潮流中，图书馆全力加入其中，面向公众或所在地区开展阅读推广活动。

图书馆开展阅读推广服务，具有更强的主动性意识，有利于提高人们主动阅读的意识，帮助人们养成良好的阅读习惯，提升人们对阅读的兴趣，最终取得良好的阅读效果；同时借助阅读推广的手段，能够有效地提高图书馆的社会影响力。这样不仅可以提高图书馆纸质馆藏资源及数字资源的阅读浏览量和利用率，还具备推动数字化全媒体时代图书馆发展的重要意义，是推动"全民阅读"的基本要求。

(二) 图书馆阅读推广的功能及特征

1. 图书馆阅读推广的功能

阅读的功能也决定了阅读推广的功能。人类阅读可以带来政治、文化、社会以及经济等方面的积极作用。从个体的角度来说，事业成功、品行修养、身心愉悦、智慧提升等都离不开阅读，这也正是古人思想中诚意、正心、修身以及致知的体现。社会的基本单位是人，所以，社会的整体发展是建立在个体发展的基础之上的，这也是民众教化、创新改进、助力生产以及文化传承等主要社会功能的体现。作为推广阅读文化的一个组成部分，阅读推广主要有以下四个主要功能：

第一，传承文化。文化传承必须通过阅读来完成。人类文化的承载主要是通过书籍体现，不管是个体还是群体掌握的书籍，只有通过阅读，才能产生作用，文化不可能自动地进行传承。

第二，教化民众。自古以来，教化功能就是图书最关键的功能，这也需要通过阅读才能达成。亚里士多德是古代著名的科学家和教育家，他认为，官府藏书也好、私家藏书也罢，都需要对外开放并用于教学，才能产生积极的用处。梁启超是我国近代著名的改革家、教育家以及思想家，他在中国还未引入图书馆这一新生事物时，就于1895年和康有为一起成立了"强学会"，并为达成"群中外之图书器艺，群南北之通仁志士，讲习其间，推行于直省"的目标而努力，强学会这一新型的图书机构也是由其创建的，这是一个开放性、以民智启迪和新学普及为责任的新型机构。不过，受当时条件和社会制度的限制，国民对图书馆的利用非常有限，甚至强学会成员还要号召大家来阅读。所幸的是，这一优于常人的理念和思维也非常具有感染力。这一行为和现在的阅读推广具有异曲同工之妙，也是阅读推广对民众教化功能的一种体现。

第三，助力生产。随着知识经济时代的到来，社会第一生产力毫无疑问就是科学技术，也代表着先进的生产力。创新作为科学的本质内容，人才是不可或缺的重要组成因素，人才的形成离不开教育，而教育是建立在阅读基础上的。而且，只有阅读，才能发挥书籍的积极作用。所以，从个体的角度来说，只有阅读才能使之更加卓尔不凡，从国家和社会的角度来说，阅读推广则是促进国家繁荣昌盛的重要手段。[①]

第四，保持创新。人类进步和社会发展建立在不断创新的基础之上，而创新则需要以阅读为基础。人类的创新并非异想天开，天马行空，而是需要一定的基础和理论支持，这便是前人知识和智慧的重要作用。毫无依据的创新是不可能实现的。需要对先人的成果和成就予以继承，并进行一定的创新和发展，从而形成创新。而且，创新成果的推广也需要借助阅读的力量。

2. 图书馆阅读推广的新特征

第一，阅读的载体已经发生大幅改变。需要指出的是，阅读载体的改变，势必造成载体所能承载的内容容量的改变。针对传统阅读来讲，其主要阅读对象以纸质为载体，在具体阅读内容上比较集中，不容易发生改变。而现阶段，电子载体已经成为最常见、最常用的阅读工具，因电子载体在具体容量上十分大，所以，其可以承载海量的资源，能够帮助读者获得更为广阔

---

① 曹树金，王雅琪. 图书馆微信公众号图书阅读推广文章采纳行为影响因素[J]. 图书馆论坛，2021，41(1): 99—110.

且丰富的阅读选择空间，如此一来，除能够实现纵向的追踪阅读之外，还能够进行横向的跳跃式、检视式及比较阅读。

第二，信息表现形式变得越发多样化。针对那些将纸质当作载体的阅读对象而言，其在相应的表现形式方面，不仅有图表，而且还有文字等；而针对把电子当作主要载体的阅读对象来分析，其内容更为多样，除有比较传统的图表、文字外，还有视、音频等，如通过应用VR技术，让读者有一种身临其境之感，较好地融合到阅读情景当中，给读者一种别样且逼真的认知感受。

第三，阅读方式出现大幅改变。伴随移动终端技术、现代信息技术及互联网技术的不断发展与完善，随心学、随地学、随时学便成为可能，且在采用隔屏求知方式的同时，还能够带来"检视阅读"的价值，在此驱动下，形成了一套完整的方法与技能。现代图书馆注重全面阅读素养的提高以及学习型社会的构建，因而会不断向"阅读生态园"转变与迈进。

(三) 图书馆阅读推广应遵循的原则

1. 社会公益性原则

国家和社会的未来发展都受阅读能力的制约。个体通过阅读能够加强自省、提高自我价值的实现，而从社会来说，阅读有利于知识的普及和延伸学校教育，是个人与社会相融合的一个重要途径。由于阅读具有这一功能，造就了阅读推广的社会公益性的本质内容。

从全球的阅读推广工作来看，其吸引了大量的政府组织、国际组织、图书馆界以及各个传媒机构和出版机构的参与。而且，作为阅读产品的制造者和销售者，出版和传媒机构是从自身的利益出发来进行阅读推广的，但同时也起到了促进阅读交流、扩展阅读影响和丰富阅读读物等作用。与出版和传媒机构不同的是，国际组织、各国政府以及图书馆界的阅读推广活动的中立性、公益性和客观性更为明确。全球性的文化机构包括国际图书馆协会联合会、国际阅读协会、国际儿童读物联盟以及联合国教科文组织等，它们在世界性的阅读推广活动中都发挥了积极的作用，有利于全人类文化素养的提高。各国政府在阅读推广活动中扮演着制定者、阅读经费的提供者、倡导组织者和实施者的身份，也是阅读推广中不可或缺的重要因素。

在社会文化传播过程中，图书馆的作用是非常重要的，而且有效地促进了全民阅读的进程。在教育儿童、加速社会发展、扫盲识字和促进社会公平和稳定上来说，民间阅读推广的作用也是至关重要的。

2. 人文价值性原则

"人文"指的是人性文化，"以人为本"也是对人性的充分尊重，因此阅读推广的人文价值就是指需要以人性为基础开展阅读推广活动。阅读推广工作需要以人的阅读主体性为基础来进行，人是进行一切推广活动的前提条件。阅读推广的人文价值需要从以下三个方面加以体现：

一是关注人，要培养爱阅读的习惯。

二是发展人，要培养人人会阅读的能力。三个重要挑战是信息时代阅读不得不正视的问题：首先表现在读物的无限丰富和时间有限性之间的矛盾；其次是高增长的信息量和低效率的阅读能力之间的矛盾；最后是新知识和传统观念之间的矛盾。所以说，分众阅读推广和分类读物推荐也是全民阅读推广中的一项重要措施。例如，古今文学佳作可以针对儿童进行推广，中外人物传记可以主要针对青壮年进行推广，这样才能使读物结构更为合理，也有利于好书佳作和经典名著的推广和传承。

三是尊重人，要保障特殊人群的阅读权益。在《公共图书馆宣言》中就明确指出，公共图书馆的服务以平等利用为基础，不分年龄、种族、性别、国籍、语言或社会地位，为所有人提供。公共图书馆须为不能利用常规服务和资料的用户，如小语种民族、残障人士、住院人员或被监禁人员，提供特殊服务和资料。

3. 服务专业性原则

近年来，阅读推广发展势头非常迅猛，这是在专业理论和专业人员的共同支持下产生的。

一方面，从理论的角度来说，之前图书馆学理论并没有很重视和过多地关注这一服务内容，因此在阅读推广理论上来说还是比较缺乏的，所以需要有足够的阅读推广相关的基层理论和实操经验予以支持。

另一方面，从实践的角度来说，活动是阅读推广服务的主要形式，而前期调研、内容策划、项目宣传组织实施和效益评估是一项活动的基本环节，这对专业技能人员的要求比较严格。例如，进行前期调研工作时，需要大量推广人员制作问卷、掌握调查方法并具备统计数据的技能等；进行宣传工作时，要对宣传途径以及宣传效果进行把握；在实际实施时，需要能够顺利完成分解任务、组建团队以及安排进程等任务；之后还要具备分析和挖掘数据、整理和收集资料等效益评估能力，如此才能使活动顺利展开。

一般来说，一个具有职业精神的人最基本的条件是具备创新能力、社会资源调动能力以及工作自主性等，而这也需要通过一定的努力才能获得。所以，只有对阅读推广人才进行评估、激励以及培养，才能更好地促进阅读推广服务的专业化发展。为了凸显阅读推广活动的高度专业性，中国图书馆学会也开展了"阅读推广人培育"活动。

二、智慧图书馆阅读推广的创新策略

(一) 提升阅读推广类型的多样化水平

智慧图书馆的出现，创新了传统图书馆的服务模式，个性化、多样化和智能化服务构成了图书馆崭新的服务理念。在"互联网+"条件下，如何创新图书馆的阅读推广服务，成为智慧图书馆建设亟待解决的问题之一。阅读推广体现了较强的个性化特征，一般由很多不同类型的服务构成。在开展阅读推广的过程中，图书馆应为读者推送个性化的文献资源，采用多样化的传播媒体，方便读者利用自身熟悉的渠道获取知识。由于涵盖了不同的读者群体，图书馆有必要针对不同的读者群体设置个性化的阅读推广目标，这样才能方便读者选择适合自身的阅读内容。虽然图书馆的阅读推广内容具备个性化的特征，但是这些内容还应具有一定的侧重性，这样才能保障大多数读者的阅读需求。智慧图书馆可采用多种传播媒体搜集读者的个性化特征。在深入分析这些个性化特征后，智慧图书馆可丰富阅读推广的类型，如网络直播阅读推荐、网络直播真人图书馆、读书专题讲座、图书漂流、微书评和阅读摄影展等。

(二) 加强阅读推广的动机与目标分析

对图书馆来说，阅读推广的目标是提高图书馆的服务水平。为了实现这一目标，图书馆需要推进理论和实践创新，举办各种层次多样的智慧阅读推广项目。通过举办这些项目，图书馆可吸引广大读者体验丰富多彩的智慧服务，同时扩大图书馆的社会知名度。利用人工智能技术构建图书馆的智慧服务，需要创新阅读推广的种类和目标，形成多样化的智慧服务形态，才可打造切实可行的阅读推广策略。在开展阅读推广的过程中，图书馆只有针对阅读推广的动机和目标进行深入分析后，才能确定阅读推广的类型和服务范围。为了实现文献推送的个性化，智慧图书馆需要采用数据挖掘、数据库和计算机网络等技术对读者的文献请求进行处理。虽然智慧图书馆阅读推广的动机和目标存在差异性，但其总体目标还是吸引广大读者体验图书馆的各项服务。不同种类的图书馆应针对不同的读者群体，构建个性化的阅读推广动机与目标，以满足不同读者的阅读要求。

(三) 参考整合营销传播理论提升图书馆阅读推广成效

智慧图书馆开展阅读推广应大胆地突破传统阅读推广形式和理念的束缚。图书馆可参考整合营销传播理论提升自身的阅读推广成效。要整合营销传播理论，一方面把广告、促销、公关、企业形象识别系统和新闻媒体等一切传播活动都包括在营销活动的体系之内，另一方面则使企业可将统一的传播资讯传递给消费者。图书馆整合营销传播阅读推广是指通过将图书馆、文献资源和推广媒体等要素包括在阅读推广的体系之内，进而使图书馆可将统一的推广信息推送给读者。读者的阅读兴趣得到唤起后，自然可加入图书馆的阅读推广行列中去。在上述的运作过程中，智慧图书馆首先要解决阅读推广的受众、内容、方法和途径等问题。

为了解决上述问题，图书馆需分三步来做：第一，分析阅读推广受众的特征，建立不同读者的阅读特征模型。第二，针对不同的读者阅读特征模型，构建个性化的文献资源推送目标，并采用多种传播媒体来推送个性化的文献资源。第三，对整合营销传播阅读推广是否满足了读者的需求开展评价，使读者阅读特征模型可随读者的变化而改变，以优化图书馆阅读推广的成效。因此，智慧图书馆的阅读推广应通过收集、发掘和分析读者的阅读信息，动态地建立读者阅读特征模型，并以此为依据制定精准的阅读推广方案。此外，智慧图书馆在获得整合营销传播阅读推广中产生的读者阅读信息反馈后，通过不断优化读者阅读特征模型，可逐步提高其阅读推广的成效。

(四) 培养跨专业人才，满足阅读推广发展要求

人才是图书馆发展和建设的宝贵财富，因此智慧图书馆需要大量的跨专业人才参与阅读推广。跨专业人才可在多元化和个性化的环境中，敏锐察觉阅读推广中存在的问题，并可运用多专业的技术解决这些棘手的难题。因此，为了加强阅读推广人才的培养工作，智慧图书馆应首先构建科学的人才培养体系。图书馆可针对不同专业的人才，制订差异化的人才培养计划，重点加强对信息传播和营销传播理论方面的培训。阅读推广人才培养的目标应定位于使图书馆的专业馆员具备相应的阅读推广能力，能应对读者群体的需求变化。

此外，图书馆应针对专业馆员开展新兴技术方面的培训。在"互联网+"条件下，计算机网络和人工智能技术不但已经渗透到读者学习的方方面面，而且也应用在各种移动学习工具当中。图书馆的专业馆员掌握了新兴技术以后，就能更好地开展多样化的阅读推广服务。

总之，在计算机网络和人工智能技术相互融合的背景下，智慧图书馆应运而生。智慧图书馆符合智能时代的发展趋势，能开展多样化和个性化的阅读推广服务。智慧图书馆可将数据挖掘和人工智能技术应用到阅读推广中去，针对读者的个性化阅读特征，开展精准化的文献推送服务。在网络时代，智慧图书馆应在阅读推广中融合多种传播媒体，以提升读者的阅读体验为目标。只有这样，智慧图书馆才能最大限度地扩大自身的社会影响力，使读者享受更加便捷的阅读推广服务。

第四节 智慧图书馆服务的创新探索

一、智慧图书馆服务创新理念与方法

随着时代的发展和技术的进步，图书馆的发展越来越快，同时用户需求的多元化发展特征也日益明显，这促使图书馆服务在工作中必然朝着智慧化方向发展，这样也才能将图书馆的各种职能充分展现出来，有利于图书馆事业的全面发展。专家认为，建筑面积、藏书量是衡量图书馆影响力的一个硬件条件，而更多应该从其服务理念等角度去考量。这是因为图书馆的服务

质量由服务理念所决定，同时也会对图书馆的建设规模和发展方向产生重要的作用，所以服务理念也成为当代图书馆发展的一个核心内容。

(一) 智慧图书馆服务创新理念

1. "以人为本"理念

人文思想的核心是"以人为本"。古罗马的西塞罗就开始出现了人文思想，发展到中世纪后期，它成了人们的一种精神追求和价值观。人文思想指出，人文精神以人的价值为前提，只有承认人、尊重人和重视人的意志，追求人的幸福的思想才能称为人文思想。

随着信息化时代的到来，赋予了"以人为本"以新的内涵，图书馆也要强调"以人为本"的重要性，如此才能让图书馆事业获得更好的发展，同时还能对图书馆的服务领域进行拓展，提高服务质量。

人的利益高于一切，只有将人民群众放在首位，才能将"以人为本"的理念落实到位，才能有效满足人们全方位发展的需求。以人为本的内涵较为丰富，主要由人的和谐生活、平等自由以及需要等内容组成。"以人为本"的理念符合人类社会发展的基本规律，所以智慧图书馆的发展也要坚持"以人为本"的理念和思想。

图书馆是为广大读者和用户提供服务的，因此在其工作中要始终坚持"以人为本"的服务理念；图书馆的服务宗旨是为用户提供便利和服务，将信息服务快捷地提供给用户，最大限度地满足读者的需求；同时在检验图书馆服务工作时，应该将读者的满意程度作为最重要的衡量标准，如此有利于让读者满意度得到不断的提升，也能够提升图书馆的服务质量。

应该将"以人为本"作为智慧图书馆的核心服务理念，这是因为：

第一，科技发展的必然。人类经历了工业社会、信息社会，最后到知识经济社会，知识对人类的全面发展产生了不可估量的作用。经济的发展离不开知识的推动，而这也是智慧图书馆发展的必然条件，若还以传统的服务模式推动智慧图书馆的发展，必然是行不通的，为此需要改进和变革图书馆的服务理念和服务模式。

第二，市场经济模式的影响。通过实践可知，市场化是形势所趋，且随着竞争机制的出现，对人们的发展具有非常大的推动作用。企业家要想在市场竞争中占有一席之地，就要时刻对市场的变化予以把握并积极调整策略，并坚持以消费者为导向，如此才能提升自身的抗风险能力，并最大限度满足客户的需求。现在，很多企业家都对服务策略给予了高度重视，也秉承了以消费者为中心的服务理念，这不仅对图书馆来说是有利的，还适用于各个行业，这种理念和服务态度也值得我们借鉴和学习。

第三，图书馆发展的趋势。当然从图书馆的角度来看，服务也是其核心内容。随着网络的发展和技术的进步，图书馆也开始了电子化和数字化发展，为此图书馆应该重点考虑如何为社会创造更多的知识财富，如何将知识转变为社会生产力等问题。传统的图书馆是在自身资源优势的推动下而具有一定的竞争优势，随着社会的发展，图书馆更应该创新服务理念和服务模式，进而促进自身竞争力的提升，为此也要求图书馆能够对服务理念的创新予以重视。

综上所述，智慧图书馆只有以服务理念和服务品质为核心，才能在未来的发展中获得更强劲的动力。在发展智慧图书馆的过程中，不仅要强调技术的作用，更需要突出人的主体作用。实际上，图书馆想要得长远的发展，必然要以人文主义精神作为核心支撑。换言之，图书馆应该在"以人为本"的服务理念下为读者提供个性化的资讯服务。

2. 多元化和多样化服务理念

图书馆在服务时间和空间上从有限变无限，服务方式上从单一变多样，呈现出了多元化的发展前景。随着科学技术的不断发展，人们能够通过多种渠道和途径获取信息，读者有了更加多元化的阅读内容和阅读方式。既可以利用纸质资源，也可以通过电视、音响、视频资源、网络、DVD、VCD或者其他传播媒介获取信息，多元化的信息获取渠道能够让阅读体验更轻松、丰富。因此，图书馆应该充分发挥各种媒体阅读形式的优势，促进各类信息资源的建设，让读者能够获得更加丰富的阅读体验。

3. 竞争服务理念和协作服务理念

图书馆是为人类提供信息传播途径和服务的，也受到期刊、广播、电视、信息咨询机构、书店、网络以及其他信息服务机构的冲击，使其生存面临着挑战。

对图书馆影响最为突出的要数网络、书店和报刊。由于现代通信技术和网络技术的不断进步，极大地改变了人们的阅读方式，网络化阅读将成为一种总体趋势，这将大幅度降低用户获取信息的时间，并提高信息获取的准确性。除此以外，书店和读书组织也改善了购书和阅读环境，使读者有更舒适、便捷、人性化的购书体验，从而对读者产生了较大的吸引力。

为了更好地应对各种挑战，图书馆需要将自身的优势发挥出来，转变服务理念，主动为用户提供服务；并加强竞争意识的培养，将信息开发、检索、分析、存取、传递以及组织等工作落到实处；加强信息网络化和电子化建设，重视对员工的素质和业务水平培养，确保为用户提供更加优质的服务。

网络环境使文献信息资源的种类和数量都不断地增加，能够更好地满足用户的多元化需求。信息量的急剧增加，导致任何一个图书馆都不可能收集所有的信息资源，也无法使每一个用户的信息需求都得到满足。为此，图书馆应该加强协作团结精神，通过合作和共享获得更多的信息资源，减少运营成本和人力资源的投入，同时也能有效提升相关技术水平和服务质量；良好的协作关系也能促进服务形式的创新，提升信息服务机构的服务水平和能力，从而为用户提供更加优质的信息服务。

(二) 智慧图书馆服务的创新方法

随着智慧时代的到来，图书馆应该与时俱进，不断创新服务理念和服务模式，基于用户需求加强以下方面的建设：

首先，应该在信息技术的引导下加强服务项目的创新和拓展。即要求紧随信息技术的发展，对图书馆的服务内容、服务方式以及服务模式教学拓展和创新，如引进 RFID 的相关技术、对服务终端设备予以更新和改进、提供云计算和存储服务等。

其次，基于传统服务项目和服务空间进行不断的改进和创新。即不断优化现有的阅读设施和环境，打造新的服务项目，如电子阅览室、移动图书馆等，为用户阅读空间的拓展提供条件。重视新的服务理论的落实，基于用户实际需求进行新的服务项目和功能的拓展，并更新和优化原有服务内容。这将有利于缩减图书馆的成本投入，并能够有效整合现有的信息资源，促进于服务方式的创新。

最后，积极整合各个方面的协作，让图书馆服务功能和服务效益得以不断提升。比如，加强和其他图书馆的共建共享机制的建立，通过联盟等方式来整合外部信息资源，寻求和其他各方合作的利益切合点，促进服务效益的提升等。

二、智慧图书馆服务创新的体系解读

(一) 智慧图书馆的信息资源保障体系创新

随着智慧时代的到来，图书馆的资源发展具有两个显著的特征：一是多样性，二是复杂性，其影响既在纸质资源上有所体现，也在数字资源上有所体现，而且数据存储也开始向着结构化、非结构化、半结构化等方向发展。从获取资源的角度来说，表现为方式更加多样化、编排更加复杂化等特征。随着图书馆互联网的建立，其馆藏和服务可以媲美大型图书馆，而其发展的基础就在于要更重视资源建设，从而确保其馆藏能够不落人后，这样才能促进图书馆馆藏建设的专业化、差异化以及特性化发展。

第一，明确图书馆信息资源体系的建设原则。这就要求：一是在对图书馆的信息资源体系进行构建时，要先做好定位，图书馆的信息资源建设要和高校的教学和科研同步；二是要优化馆藏资源的获取途径和建设方式，加强对图书馆馆藏资源的丰富化发展；三是对特色资源的建设要予以重视，从而有效地突出本馆的优势和特征；四是要加强与高校教学部门和科研部门的合作与沟通，以他们的实际需求为基础对信息资源和服务项目进行调整和优化。

第二，构建图书馆网络平台与数据中心。基于云计算进行数据存储中心和数据服务平台的构建。图书馆的互联网存储能力在一定程度上受信息技术发展水平的影响，而云计算技术也会影响线上存储功能的实现。云计算可以有效扩展图书馆的存储空间，而且还能充分利用各种网络技术、本体技术以及语义 Web 技术等网络技术的优势，在进行信息发现、获取、关联以及处理过程中优化数据信息，促进智慧云服务平台的构建和发展。

第三，拓展和优化图书馆信息资源的建设方式。其一，要重视信息资源的建设，这既包括了纸质资源，也包括了数字资源和原生数字资源。其二，要加强和其他图书馆的合作，通过联盟的方式达到资源的共建共享，通过不同图书馆的资源、技术和服务的共享和经验，打造图书馆共享平台，这种平台主要是在资源的发现、获取、传递上进行系统配置。其三，通过与第三方机构的合作和沟通，获取更多优秀资源和技术人员的支持，促进效益最大化，促进服务目标的实现。其四，要重视网络资源的补充作用，最大限度地挖掘和开发网络资源，尤其是对一些免费资源的获取和利用。

第四，优化资源发现渠道。为了让用户更直接客观地了解图书馆，应该对资源获取途径和渠道进行优化。可以加强一站式资源服务平台的构建和发展，促进用户所需信息提供的精准性，同时还能提升信息搜索效率，让用户可以通过电子书、多媒体、网络、第三方机构、云平台等多种途径获取所需信息。图书馆的馆藏资源和线上资源可以利用资源检索系统和学术资源库进行展示，这对于查找用户和管理资源都是非常有利的，可以对资源分类不足的问题予以改善。图书馆的导航资源系统建设主要从以下三个方面进行：一是学科知识；二是数据库；三是一站式学习。这样有利于所有馆藏分布的展示，并加强云平台、联盟资源以及第三方支持机构资源的展示。这使得资源覆盖更加完整和全面，并增强资源信息获取的完整性、简便性。

第五，建立资源利用分析模型。馆藏数据的分析是优化馆藏资源使用率、了解用户兴趣爱好、分析用户资源使用情况的一种方式，能够帮助优化和调整资源。同时，这种分析的数据除了网页访问量、资源传递数据、检索频率等，还应该包括 RFID 管理系统下所有资源的阅读量、访问量等信息。

在互联网技术和移动技术的发展趋势下，图书馆也要与时俱进，在数字资源方面，要兼顾多个平台的使用需求，从而保证所购买的数字资源能够得到最大化利用。

(二) 以智慧技术为基础的支撑体系创新

1. 升级图书馆自动化集成管理系统

构建图书馆在自动化管理系统方面的创新模式，这是实现图书馆管理和服务的根本。在智慧技术为依托的时代下，图书馆的自动化管理模式要扩大运用领域，拓展图书馆的创新业务和创新技术应用领域，增强图书馆对于用户、设备、资源、业务等方面的管理和服务能力。比如，深圳市图书馆利用面向对象的服务平台架构作为图书馆技术的支持。图书馆要注重自动化集成管理系统的构建,这是帮助图书馆进行联合的有效途径,能够促进图书馆的服务和建设共享。

2. 搭建图书馆网络通信架构

图书馆网络通信有传感网络、无线局域网和移动通信网络三种类型(图书馆网络覆盖主要有互联网、校园网、移动通信网、蓝牙、Wi-Fi、Zigbee网络)。图书馆要打造融合的立体网络架构,扩大互联范围,以此保障图书馆的服务具有一致性和连贯性,在服务路径上打造具有泛在化、无缝移动、跨时空的功能。现阶段,大部分图书馆都覆盖了有线局域网,但是由RFID技术和移动技术基础发展起来的移动服务除有线网络的支持外,还需要无线网络提供相应的服务,所以打造无线局域网,并将其覆盖到图书馆中是一项完整的服务内容。在图书馆中,通过物联网的技术链接人和人、人和物、物和物,通过传感器技术、RFID技术、智能处理技术、GPS系统等,优化图书馆的智能化管理系统。传感器网络的搭建直接关系到图书馆的物联网程度。现在,国内还没有建成一座实际意义上的"物联"图书馆,因为传感器网络的构建还未发展完全。所以,图书馆传感器网络的搭建是整个项目的核心。要利用无线局域网和传感器网络搭建完整的无线传感网,完成图书在网络层和感知层的实际对接,构建真正的物联网图书馆。

3. 以物联网和云计算为技术支撑

要想创新图书馆的服务,就要开展"物联网"感知和"云计算"分布两方面的工作,并对其进行分工。物联网主要控制数据的感知、截取、替换、操作、反馈等环节,云计算主要在数据中心服务、硬件支持、软件管理等方面进行服务。物联网的技术是利用对图书、传感器等的控制而开展工作的,并利用无线局域网将所有的数据上传至云计算中心,通过云计算的处理和分享,高效管理图书馆,为用户提供便捷的服务。在图书馆定位、环境温度、湿度等简单的操作上主要由本地节点完成,图书借阅分析、读者个人信息管理、个性化服务等较为复杂的操作过程就需要调用本地计算机之外的云平台进行处理。"云计算"不但具有共享的功能,还是很好的存储结构以及处理环境的保障,在计算机群中进行计算任务的统一调度和管理,所有的系统都根据自身对应的计算能力、存储能力、服务能力进行工作。在"云计算"节点上，需要融合管理网站素材、数字图书馆、相关数据库以及其他个人或组织的相关信息，统一通过"云计算"节点进行相关数据的处理和反馈，并提供准确的信息服务、咨询服务和个性化服务。

在"物联网"和"云计算"能够帮助图书馆在相关文献管理上实现智能化、创新相应的服务内容（提供个性化服务）、将服务方式转化为智能化模式（异构网络接入、异构终端运用，是一种对于定位和环境的个性化服务）、将事务管理运用智能手段进行辅助管理（打造智能监控系统和安全门等），以及在技术、资源、服务的共享性和创造性上提供更大的帮助。

（三）以创新型人才为依托的人员体系创新

在服务方面，图书馆的创新既包括服务的方式和内容，也涉及服务的主体。图书馆需要着重树立新时期馆员的职业素质、价值观念、能力和形象。图书馆的主体包括使用者与馆员，馆员的智慧是服务之源，用图书馆馆员的头脑增加使用者的数量，把潜在的使用者变成现存的使用者，传递知识与信息，建立服务的品牌，更新图书馆的角色与功能。要想尽快适应已更新的真实情况，馆员应该既要完成当前制度与服务的管理工作与执行工作，也要有极强的洞察本领与奉献的坚强意志，可以及时得知所处高校的使用者需要的信息，知道怎样以新型信息源建立的方式强化服务品质，还能关注对传递信息有积极作用的新型科技。

从宏观角度来看，图书馆馆员队伍要从服务水平和服务观念两个方面加强建设。图书馆服务的改变既属于服务手段与方式方面，更属于服务观念与精神方面，要展现"可持续发展""强调使用者参与和价值""把用户作为焦点"的思想。因此，图书馆员应该具备杰出的洞察本领，发掘并重视使用者对信息的需要，把握关于图书馆服务的构建方法，充分借助新的科学技术手段，为图书馆服务的改变做好科技、理论、观念方面的准备。

在微观的角度，基于图书馆信息的服务特点与用户的需要，开展图书馆馆员队伍建设需要从以下几个角度考虑：

第一，建设图书馆服务研究队伍和传播队伍。更新图书馆服务要求具备一支善于开展专业讨论、探究与研发的服务队伍，其服务才会越来越系统、专业，越来越有品牌价值与核心价值。图书馆员既应该有创新的服务思想、职业素质、服务水平、服务品质，也应该具有提高企业、政府、使用者对于图书馆重要程度的意识，知道图书馆对社会与城市发展的推动作用。为了实现这些目的，馆员需加强品牌传播、公关、对外沟通意识等，创建一支充满正能量、开放、活力的图书馆服务队伍，进而提升公众、社会对图书馆的认知程度。

第二，建设图书馆的馆员行业准入体系与资质认证体系，以馆员技术与素质训练为重点。馆员的总体素养要适应图书馆更新的服务水平与服务能力的要求。要建设馆员行业准入体系与资质认证体系，以对馆员的训练作为重点，比如上海交通大学图书馆建立的馆员素养培训与资质认证（CALIS）的子项目，经远程和已有途径融入多样的方法，采用巡讲和访问等途径，进行大范围、强影响效果的综合业务训练，辅助建立具备实干水平和创造力的馆员团队，给中国的图书馆行业带来了可持续发展的持久力量。

第三，建立起"知识工作者社区"，即由知识工作者（包括高校师生、馆员、专业社会团队成员、其余信息机构成员、科研成员、企业成员、政府成员等）构成的具备知识开发本领与信息技能的团队，其关键在于经过运用知识、智慧合作、提供知识服务、研发知识产品，挖掘并更新知识，制定出决策模式，让人们接受和共享智慧服务。知识工作者社区包括实体的与虚拟的两种。以组合团队、促进协作、鼓励沟通为途径，将高校师生、馆员和其他知识工作者具有的智慧结合起来。其重点在于推动团队共同发展，经在线社区的建设，强化协作成员之间的关系，加强他们的技能并更新他们的知识。建设知识工作者社区可以推动智慧馆员创新服务思想，提升服务本领，提高服务技能，开拓服务领域，进行全面发展。

第四，引进个人馆员。该方法深化并拓展了参考咨询服务。图书馆依照学科的规划方法建立参考咨询室，个人馆员为来询问信息的使用者和在网络上进行参考询问的使用者供给咨询服务，并及时地提供给使用者信息内容。要对用户专深、复杂的信息询问需要进行分类、汇总，还要发挥专业咨询队伍或学科馆员的智慧，从而想出解决办法，用最少的时间给使用者提供最有效的信息服务。

三、智慧图书馆服务创新的运行模式

(一) 引导自助型服务模式

以用户为中心是建设智慧时代图书馆自主服务的主要原则，以此才能满足用户个性化的信息需求，将用户放在主体地位，对用户信息尽量完善保密工作，这样才能有效提升用户的自主意识，吸引用户主动参与智慧图书馆建设。图书馆的自主服务平台和统一门户平台可以给用户提供常规化、基础化的服务，还能让用户根据自己的信息需求和兴趣爱好搜索到自己需要的各种服务和资源，不需要通过人工协助就能完成信息检索等工作。建设读者服务系统主要包括三个方面：①网络虚拟式服务模式；②面谈式服务模式；③读者自主式服务模式。该系统可以让用户进行自习、阅览、咨询、借书、平面图和查新等六个主要的信息检索工作，让用户可以检索和查询到图书馆的服务信息和馆藏资料等。

让用户自主化参与服务中来是自主模式的主要目标，这样才能实现图书馆的高效化、智能化和便捷化发展，让图书馆的资源配置更加优化，从而实现现代化图书馆管理的自主服务。

图书馆要想较好地完成自助服务，需要专业的图书馆服务人员和图书馆自助服务环境的支持。用户认证系统、参考咨询服务、可支持自助服务的网络环境、完善的自助设备和自主服务使用指南都是实现自助服务的必要条件。清华大学为了实现自助服务，以方便用户进行及时的查询和信息检索，构建了电话咨询系统，也就是将咨询电话安装在每一个信息查询的终端，用户拿起电话就可以进行问题的咨询，并会得到馆员的解答，这样就给用户提供了随时指引服务，方便了用户的查询，并提高了查询效率。

从有关的统计数据来看，国内已经有多所图书馆实现了 RFID 技术的自助服务，为用户提供了自助导航服务、感知 OPAC 系统服务以及自助借还服务等，让图书馆的自助服务更加系统化、一体化。自助服务虽然看起来似乎没有馆内工作人员的实际操作，但可以借由后台强大的管理系统、集成服务和前端服务机的高效配合，让图书馆的信息、图书馆的服务和图书馆的馆员有机结合在一起，实现图书馆的自助服务。

(二) 整合共享服务模式

图书馆信息服务平台都有其特有的庞大数字资源和特色文献馆藏，目前大部分图书馆都没有真正发挥馆藏优势，各图书馆之间也没有产生有效的共享和共建合作服务，很多图书馆的开放程度比较有限，这也让信息资源被闲置起来。想要有效地解决这一问题，就需要突破各个图书馆的界限，对各个图书馆的信息资源库进行优化和整合，从而实现图书馆的互联互通和共享共建。

图书馆的未来发展趋势和信息资源服务的方式必然是建立一个高效的共享服务模式。图书馆的信息资源服务正是因为具备人工智能知识库而成为一个不同于一般的信息服务机构的数据库。它的信息资源服务具有学科性、专题性、知识性和深入性等特点。图书馆因为受到管理方式等外部因素的影响，目前各高校之间的知识库和数据库都具有一定的排他性，无法进行高效的互联互通，造成信息共享的困难。随着智能化和互联网技术的发展，未来图书馆乃至一些社会上的专业性机构和全球信息服务机构的发展趋势都将形成数据库和知识库的整合和共享，从而推动信息资源的高效利用。对资源集成和服务集成进行共享是图书馆实现整合共享模式的主要方向和重要目标，这样能够形成部门之间、时空之间和馆际之间的服务集成和信息集成，让用户能够获得一站式的信息获取服务。

资源和服务的整合共享主要有两种途径：集群与协同。集群服务模式又分为两种类型：①基于平台的服务集群，即建立一个集资源获取、Web 服务、一站式检索、个性化定制和推送、空间服务、移动服务、网上虚拟社区互动、信息导航等各种功能于一体的平台，以便为用户提供更为便捷的信息搜索服务；②基于空间的服务集群是指设置一个空间，里面包括了图书馆的所有信息资源、设备和相应的服务，让用户可以在图书馆得到一站式的服务体验，更加方便地使用图书馆的设备、设施，而不需要像以前一样跨部门调取。集群化的发展，可以让图书馆的信息资源整合性更高、显示更加集约、转换更为通畅、传递更为快捷等。除不破坏各个空间和系统的独立性以外，还需要进行数据的共享和交换，以确保资源能够得到更加高效的利用，同时还能保证系统运行的安全性。

协同服务模式则包括了五种主要类型：①用户协同。是指将用户智慧进行整合建立图书馆服务的一种协同行为，它是最基础和最重要的一种协同模式，图书馆的知识工作者就是这一种协同模式的体现。②行业协同模式。是指在协同过程中需要第三方的参与和配合，从而实现资源的共享。③地区协同模式。包括三个主要方式，首先，在地区间进行图书馆的相互合作和整合；其次，在地区间整合图书馆和其他类型的图书馆的一种合作方式；最后，跨地区高校之间以及高校和其他类型图书馆之间的共享合作。④国家协同模式。顾名思义是指国家之间的整合和合作方式。⑤全球合作模式。这是需要在行业组织和图书馆机构的带领下，实现全球性的项目或目标合作。这一类型的合作资料形式多种多样，如录音、电影、建筑图纸、手稿等。

用户的参与度是集群协同最重要的目标。加强用户之间、馆员之间以及用户、馆员之间以及图书馆之间的信息交互是集群协同的主要目的，能够改善以往相对分割式、自治式的管理模式，从而发展智能化的服务协同功能，让用户可以自主和互动式地参与到图书馆建立的管理和服务模式中来，而且图书馆的用户管理和服务也能不断得到智能化发展。通过协同作用，可以让图书馆走上一条统一、集群和共享共建的服务发展之路。图书馆应加强和行业机构、其他类型的图书馆和社会信息服务机构等相关行业的互通互建，从而实现融合发展。通过图书馆之间的合作和交流，可以为用户提供一站式的信息资源服务，让信息资源得到最大限度的利用，提高用户的使用效率。

（三）个性开放服务模式

为用户提供个性化信息服务是现代化图书馆的发展趋势，图书馆提供的信息服务需要针对用户的实际情况，满足用户的特殊要求，从而为用户量身打造需要的信息资源服务，让用户能够进行无阻碍沟通和接入操作。个性开放模式可以帮助用户将整合虚拟图书馆和实体图书馆中获得的信息，结合用户信息和馆藏文献信息，为用户量身打造适合的信息需求模型，并对用户的身份信息，如研究方向、工作内容和学习内容等进行自动识别，从而为用户推送有关的信息。

互联网技术的发展使得图书馆的服务空间、服务时间和服务方式不断提高和完善，让其获得了更高的开放度和透明度。用户只要有信息需求，就可以随时随地进入图书馆服务系统中。用户价值也是图书馆实现开放性服务模式的最好表现，将用户的参与度放在第一位来考虑用户的价值。开放性服务有利于激励用户的自主参与度，对创新空间的建立和整合用户智慧都具有非常重要的推动作用。

对用户实现自主式服务是个性开放模式最为重要的目的，是在对用户信息行为分析和用户分析的基础上，给用户提供个性化的信息服务。个性化信息环境的建设是进行个性开放服务的前提条件。只有具备了个性化的信息环境，才能组织有关的个人信息模型，实现信息的畅通，并为用户打造定制化的信息服务，让用户能够高效、便捷以及安全地获取所需的信息，真正实现为用户提供优质化的信息服务。而个性化信息环境需要建立在用户的信息情境之上，并根据用户的个体需求来完成，同时还要重视用户的个性化选择和个性化需求。

个性开放服务模式主要分为以下类型：

（1）个性化学科服务。针对图书馆用户的学科背景和研究领域提供的信息服务，例如个人图书馆员的设置以及针对学科、研究重点向用户主动推送的学科化服务。

（2）个性化知识发现平台。用户不但可以对本馆内、合作图书馆内以及网络免费资源等的信息进行查询和检索，而且还能依据自己的学科背景、探索方向、个性兴趣等进行信息的查询活动，对信息进行学科性的搜索。

（3）个性化的定制与推送服务。主要是基于 RSS 技术的信息定制与推送方式，向用户及时推送图书馆的各项变动情况，如增减的电子资源情况、调整后的服务内容、图书馆的最新变化和服务方式的变更等。同时在 RFID 技术的支持下建立用户分析模型，对用户检索条件和需求进行智能化分析时，也要依据用户的阅读偏好、阅读习惯和阅读行为来完成，并根据这些数据建立用户的个性化信息数据库，对用户的信息需求进行个性化管理，从而将相应的信息资源推送给用户。

（4）基于情境和位置所提供的移动信息服务。这种服务实质上是个性化移动图书馆服务，如 Solomo 移动图书馆就是在社交网络中支持用户的地理位置，并采用移动终端设备来获取信息的一种移动服务。它的最大特征在于是在匹配用于情境信息的前提下为用户提供需求或者感兴趣的信息参数，并将检索到的信息进行推送，用户的社交条件越充分，所提供的用户情境也越准确，从而获得的个性化服务也更精准。用户可以在自行建立的交流空间获得所需要的信息，从而实现虚拟图书馆和实体图书馆信息的共享共建。

总体上说，图书馆在环境设计、建筑设计、艺术造型上也要体现个性化、开放化的特征，从而为用户打造一个舒适的阅读环境。图书馆的个性开放性特征应该融入图书馆服务中的方方面面，从而真正为用户提供智能、个性化的信息服务。

结束语

现代信息技术、网络技术的迅速发展，使社会文献信息的发布呈多样化、网络化发展。面对用户日益多元化的知识服务需求，传统的图书馆知识服务模式已不再适用，其馆藏资源面临的要求与挑战也在不断增多。如何通过现代化信息技术的运用提高馆藏资源利用的有效性，有机结合智慧图书馆与馆藏资源建设，加快图书馆馆藏资源建设速度，已成为智慧图书馆发展的主要方向。

参考文献

一、著作类

[1] 卡西尔.人论[M].甘阳,译.上海:上海译文出版社,1985.

[2] 罗兰·巴尔特.符号学原理[M].李幼蒸,译.北京:读书·生活·新知三联书店,1988:134.

[3] 费尔迪南·德·索绪尔.普通语言学教程[M].高名凯,译.北京:商务印书馆,1980.

[4] 刘秉文,王志国,李志勇.现代文献信息资源建设[M].呼和浩特:内蒙古人民出版社,2008.

[5] 孟广均.信息资源管理导论[M].北京:科学出版社,1998.

[6] 王崇德.情报学引论[M].天津:天津大学出版社,1994.

[7] 严怡民.情报学概论[M].武汉:武汉大学出版社,1983.

[8] 钟义信.信息与信息化[M].北京:中国经济出版社,1995.

二、期刊类

[1] PeterBriscoe,孙泽华.亚述巴尼拔的永恒模式——关于未来图书馆作用的思考[J].大学图书馆通讯,1988(02):54-59.

[2] 曹树金,王雅琪.图书馆微信公众号图书阅读推广文章采纳行为影响因素[J].图书馆论坛,2021,41(01):99-110.

[3] 陈奕.智慧图书馆资源聚合与服务研究[J].兰台内外,2021(13):61-63.

[4] 初景利,任娇菡,王译晗.从数字图书馆到智慧图书馆[J].大学图书馆学报,2022,40(02):52-58.

[5] 恩普森,容平.知识管理的挑战[J].国外社会科学文摘,2000(05):44-47.

[6] 方建军，张晔.图书馆图书自动存取机器人的研究与应用[J].图书馆建设，2012(07)：79-83.

[7] 高凯，王秀丽，王宝燕.我国智慧图书馆建设发展研究[J].文化产业，2022(17)：105-107.

[8] 何宝亮.智慧图书馆的产生背景、发展趋势及建设策略研究[J].科技风，2020(02)：229.

[9] 胡娟，柯平.我国智慧图书馆的发展现状与发展趋势研究[J].图书馆建设，2022(02)：80-89+101.

[10] 江山.智慧图书馆要素研究及建设思考[J].图书馆工作与研究，2022(02)：58-63.

[11] 柯平，胡娟，邱永妍，等.我国智慧图书馆建设的目标与路径[J].四川图书馆学报，2022(03)：2-10.

[12] 李后卿，郭瑞芝，董富国.面向智慧图书馆的信息资源共享策略研究[J].图书馆研究，2016，46(02)：31-34.

[13] 李秀娥.高校图书馆自助借还服务模式研究——以郑州大学图书馆为研究对象[J].河南科技，2014(13)：279-281.

[14] 李玉海，金喆，李佳会，等.我国智慧图书馆建设面临的五大问题[J].中国图书馆学报，2020，46(02)：17-26.

[15] 李玉海，田栩冉，王常珏.智慧图书馆的文献资源描述再造框架[J].文献与数据学报，2021，3(04)：64-72.

[16] 李臻，姜海峰.图书馆移动服务变迁与走向泛在服务解决方案[J].图书情报工作，2013，57(04)：32-38.

[17] 刘金玲，陈超.智慧图书馆实现路径探析[J].图书馆界，2016(05)：24-26+38.

[18] 刘彦丽.泛在信息环境下的智慧图书馆服务——以北京大学图书馆为例[J].图书馆学刊，2014，36(07)：67-69.

[19] 娄志俊.RFID图书管理系统研发及应用分析[J].中外企业家，2019(17)：144.

[20] 马艳哲.智慧图书馆阅读推广创新策略研究[J].文化创新比较研究，2022，6(05)：99—103.

［21］秦红.RFID技术在图书馆应用的分析探讨［J］.现代情报，2009，29（06）：130-132.

［22］邱庆东.大数据时代智慧图书馆建设探析［J］.四川图书馆学报，2015（06）：12-15.

［23］曲悦.智慧图书馆与数字图书馆发展模式比较［J］.图书馆学刊，2016，38（12）：104-106.

［24］汤更生，李红岩.节能型图书馆建设初探——以郑州市图书馆为例［J］.图书馆学刊，2013，35（09）：15-19.

［25］王大壮.智慧图书馆阅读推广服务创新策略研究［J］.图书馆学刊，2018，40（03）：99-102.

［26］王凤艳.网络环境下的图书馆读者服务工作方法探索［J］.产业与科技论坛，2020，19（01）：252-253.

［27］王华.智慧图书馆核心技术解构与展望［J］.科技情报开发与经济，2015，25（19）：13-14+17.

［28］王记敏.浅论网络环境下图书馆的读者服务工作［J］.郑州牧业工程高等专科学校学报，2014，34（01）：77-80.

［29］吴建中.从数字图书馆到智慧图书馆：机遇、挑战和创新［J］.图书馆杂志，2021，40（12）：4-11.

［30］吴政.智慧图书馆的本质、特征与实现路径［J］.国家图书馆学刊，2022，31（03）：12-21.

［31］闫莹.智慧图书馆的发展现状及要素分析［J］.图书馆学刊，2021，43（09）：6-9+23.

［32］余丹.从数字图书馆到智慧图书馆的发展探要［J］.西南民族大学学报（人文社科版），2015，36（07）：238-240.

［33］张贤淑.智慧图书馆阅读推广创新策略研究［J］.农业图书情报学报，2020，32（06）：42-48.